AF240564

LA
MÉTALLURGIE DU FER

À l'Exposition universelle de 1878

PAR

PAUL DUTEIL

Membre de la Société des Ingénieurs civils.

PARIS

GUILLAUMIN & Cⁱᵉ, LIBRAIRES

ÉDITEURS DU JOURNAL DES ÉCONOMISTES
DE LA COLLECTION DES PRINCIPAUX ÉCONOMISTES, DU DICTIONNAIRE
DE L'ÉCONOMIE POLITIQUE, DU DICTIONNAIRE UNIVERSEL
DU COMMERCE ET DE LA NAVIGATION, ETC.

RUE RICHELIEU, 14

1879

LA

MÉTALLURGIE DU FER

à l'Exposition universelle de 1878

PAR

PAUL DUTEIL

Membre de la Société des Ingénieurs civils.

———— ✦ ————

PARIS

GUILLAUMIN & Cᵉ, LIBRAIRES

ÉDITEURS DU JOURNAL DES ÉCONOMISTES
DE LA COLLECTION DES PRINCIPAUX ÉCONOMISTES, DU DICTIONNAIRE
DE L'ÉCONOMIE POLITIQUE, DU DICTIONNAIRE UNIVERSEL
DU COMMERCE ET DE LA NAVIGATION, ETC.

RUE RICHELIEU, 14

—

1878

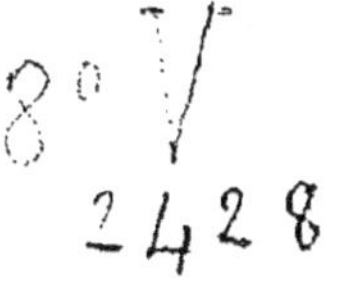

LA
MÉTALLURGIE DU FER
A L'EXPOSITION

Tout le monde se sert du fer, peu de personnes relativement connaissent bien sa fabrication et beaucoup traitent ce métal avec un dédain bien injuste. Ces cailloux rougeâtres dont on l'extrait sont évidemment bien ternes pour attirer nos regards et on a peine à croire qu'ils sont bien plus précieux que ces brillants diamants qui flattent sans doute notre vue, mais qui sont d'un usage si restreint et d'une utilité en tous cas contestable. Oui, cette pierre qui tache les doigts c'est le fer, et le fer c'est tout. — Sans lui où trouverez-vous, enfants gâtés de la vie, les ressorts de la voiture destinée à vous transporter moelleusement d'un point à un autre ? Et vous, pauvres malades, qui craignez les rigueurs de l'hiver, sans lui la locomotive serait-elle de ce monde pour vous soustraire rapidement aux brusqueries de nos longues saisons hivernales ? Et vous encore, charmantes femmes, imaginez sans lui un outil capable de travailler le métal qui enchâsse les pierres précieuses scintillant à vos oreilles. Donc, respect à ce métal, quoique le génie malfaisant des hommes l'ait deshonoré en le rendant souvent, hélas ! meurtrier, et profitons des merveilles sidérurgiques que nous avons trouvées à l'Exposition universelle de 1878 pour l'étudier un peu.

Avant de parler de l'Exposition sous le rapport de la métallurgie du fer, je crois qu'il est utile, pour mettre tous nos lecteurs à même de bien apprécier les produits exposés, de décrire avec toute la brièveté possible, les propriétés du fer et la fabrication de ce métal sous ces trois formes : fonte, fer proprement dit et acier.

Propriétés du fer. — Le fer chimiquement pur ne se rencontre qu'accidentellement dans la nature ; c'est cependant le corps le plus répandu, mais combiné avec diverses matières.

Le fer pur est relativement mou et se plie facilement comme le plomb, à cause de cela il est de peu d'usage : certains corps étrangers au contraire lui donnent des qualités qui le rendent propre à une foule d'emplois.

La couleur du fer quand il est froid est généralement le « gris » à la surface ; sa cassure est d'un gris terne ou d'un blanc brillant, ou encore d'une nuance variant entre le blanc et le gris.

Ces différentes nuances peuvent servir à reconnaître la qualité du métal : ainsi, le fer gris blanc un peu terne indique une bonne qualité ; tandis qu'au contraire le fer à couleur blanche et à éclat très-vif indique un métal de mauvaise qualité.

La texture du fer est très-importante à connaître ; elle permet encore bien plus sûrement que la couleur de distinguer la bonne ou mauvaise qualité.

Il y a trois variétés de fer sous le rapport de la texture :

1º Le fer cristallin ou à grains, qui est, dans beaucoup de cas, de mauvaise qualité.

2º Le fer nerveux, qui est presque toujours de bonne qualité.

3º Le fer lamelleux, de bonne qualité également, mais non susceptible d'un beau poli.

La dureté du fer varie avec les matières qu'il peut renfermer.

Le fer est très-malléable et très-ductile, propriétés dont on peut facilement se rendre compte en examinant les différentes espèces de tôle et en considérant la finesse de certains fils.

Les maîtres de forges divisent le fer en quatre qualités :

1° Le fer tendre, qui casse quand on le chauffe.

2° Le fer aigre, qui casse à froid.

3° Le bon fer, qui ne casse ni à chaud ni à froid.

4° Le mauvais fer, qui casse à froid ou à chaud au moindre choc.

La chaleur, l'oxygène, le carbone, la chaux, le soufre, le phosphore, etc... modifient plus ou moins les propriétés du fer.

La chaleur enlève au fer sa dureté et change sa couleur : 250 degrés donnent au fer une couleur jaune d'or ; — 300° une couleur bleu foncé ; — 400°, vert d'eau ; — 550°, un peu rouge ; — 900°, rouge cerise ; — 1,300°, blanc ; — 1,600°, blanc suant.

Le carbone est le corps qui joue le plus grand rôle dans la métallurgie du fer : il donne la chaleur nécessaire à la fabrication, enlève l'oxygène au minerai, et donne certaines qualités au métal en le saturant plus ou moins ; de sorte que l'on peut obtenir du fer, de la fonte ou de l'acier.

L'acier contient moins de carbone que la fonte, le fer ne doit pas en contenir ou du moins en très-petite quantité, de là, découle la nécessité de plusieurs opérations pour arriver à ce but.

Les qualités des fontes sont en raison directe de leur teneur en carbone, elles en contiennent de 2 à 4 pour cent; l'acier en renferme bien moins: 1 1/2 pour cent environ.

L'oxygène a toujours une action sur le fer et le modifie complètement; ce n'est qu'à la chaleur blanche que l'oxygène n'a aucune prise sur le métal, aussi est-ce l'instant choisi par les forgerons pour faire les soudures.

Le fer combiné avec l'oxygène se rencontre en grande quantité dans la nature et forme des variétés nombreuses de minerais.

La silice en petite quantité donne au métal ce que les forgerons appellent du *corps*.

L'alumine rend au fer les qualités que la silice lui a enlevées lorsque cette dernière est en excès.

La chaux est nécessaire à la parfaite fusion du fer; elle lui enlève le soufre qui peut s'y trouver, ce métalloïde le rend cassant à l'excès; on emploie ordinairement pour arriver à ce résultat un carbonate de chaux; cette matière est appelée *castine* par les forgerons.

Comme je viens de le dire, le soufre rend le fer cassant, il suffit pour cela qu'il en renferme une quantité infime. Le soufre provient des minerais qui en renferment toujours; certains en contiennent en si grande quantité qu'on est obligé de leur faire subir une opération préparatoire appelée *grillage*.

Le phosphore est la terreur des sidérurgistes, il s'oppose à toute formation de bonne fonte : le phosphore est généralement introduit par les fondants (castine), les carbonates de chaux contenant toujours des phosphates.

Le manganèse et le chrôme donnent des fontes d'un bleu éclatant que les Allemands ont appelées « spiegelcisen » ou « fer miroir », Ces corps durcissent le fer.

Les minerais. — A chaque pas vous rencontrez le fer, il n'existe pas de roches qui n'en contiennent ; notre sang lui doit même sa couleur.

Le fer est combiné avec toute espèce de corps ; les combinaisons les plus répandues et les plus employées sont :

1° *Le fer carbonaté* ; — combinaison de l'acide carbonique de l'oxygène et du fer ;

2° *Le fer oligiste* ; — combinaison de l'oxygène et du fer ;

3° *Le fer oxydulé* ; — même combinaison que précédemment dans d'autres proportions ;

4° *Le fer hydraté* ; — combinaison de l'oxygène, du fer et de l'eau.

Les minerais exploités contiennent depuis 33 jusqu'à 72 pour cent de fer ;

Lorsque l'on découvre un gisement de minerai, on s'assure tout d'abord de sa forme et de son inclinaison ; on examine si le rendement sera bon ou, pour mieux dire, en nous servant d'une expression populaire, « si le jeu vaudra la chandelle. »

Les minerais s'exploitent soit à ciel ouvert, soit en galeries ; on attaque à la poudre les parties dures des roches ; au pic et à la pioche les parties tendres.

Souvent, et je citerai comme exemple les mines d'Hayange en Lorraine, lorsque le filon à exploiter se trouve à même une colline, il suffit de percer à la base de cette colline une espèce de tunnel sur lequel se branchent des galeries intérieures. On exploite à ciel ouvert chaque fois que l'on a affaire à un grand amas voisin de la surface.

Les minerais sortant de la mine sont très-souvent mélangés avec des roches qui nuiraient aux opérations ; on est alors obligé de leur faire subir une préparation qui consiste soit en un *lavage*, si les roches sont friables ; soit en un *bocardage* si les roches sont dures ; soit en un *grillage*, si les minerais contiennent du soufre.

Pour réduire les minerais, c'est-à-dire pour séparer le fer des matières qui sont combinées avec lui, on se sert de combustibles ayant pour mission de fournir le carbone nécessaire à l'élimination de l'oxygène.

Les combustibles employés sont : le *bois*, le *charbon de bois*, les *lignites*, la *tourbe*, la *houille*, le *coke* et l'*anthracite*.

Pour activer la combustion, on se sert de l'air atmosphérique envoyé violemment par des soufflets.

La métallurgie du fer se compose des opérations suivantes :

1° Transformation des minerais en fer carburé ou fonte.

2° Affinage de la fonte, c'est-à-dire transformation de la fonte en fer.

3° Travail spécial des fontes pour les décarburer en partie et obtenir de l'acier.

La première opération s'obtient au moyen d'un appareil appelé : *haut-fourneau* par les Français, *flussoffen* par les Allemands et *blast furnace* par les Anglais.

Description du haut-fourneau. — Le haut-fourneau se compose de deux troncs de cône réunis entre eux par leur grande base, le tronc de cône inférieur repose sur une espèce de tour appelée *ouvrage*, qui surmonte un creuset. La partie supérieure du premier tronc de cône s'appelle le *gueulard*, la partie inférieure le *ventre*, le second tronc de cône s'appelle *étalages*.

Trois enveloppes forment le haut-fourneau, la première est : soit en forte maçonnerie, soit en tôle ; les deux autres sont en briques réfractaires et s'appellent *chemises*.

Dans le creuset descendent pêle-mêle les terres vitrifiées appelées *laitier* et le métal carburé.

Le laitier, en raison de sa pesanteur spécifique, surnage et on le fait écouler par une ouverture ménagée à la partie supérieure du creuset; il sort le long d'une plaque de fonte appelée *dame*.

A la partie inférieure du creuset, au niveau du fond, c'est-à-dire de la *sole*, est le trou ou *chio* destiné à l'écoulement de la fonte, écoulement qui se fait dans des moules de sable.

Le vent est introduit par deux ou trois ouvertures, dans lesquelles s'engagent des espèces de lances nommées *tuyères*; ce vent est donné par une machine soufflante actionnée le plus communément par la vapeur.

Avant d'arriver au haut-fourneau, le vent passe dans des fours destinés à le chauffer et appelés pour cette raison *fours à vent chaud*; ces fours sont chauffés généralement par la combustion des gaz qui s'échappent du haut-fourneau. Ces gaz sont amenés aux fours à vent au moyen de dispositions spéciales.

La partie du haut-fourneau appelée *gueulard* est le plus souvent surmontée d'une véritable cheminée ou *burre*, laquelle est protégée par des murs appelés *batailles*. Les combustibles, les minerais et les carbonates de chaux sont jetés successivement par le gueulard.

Les hauts-fourneaux marchant au bois ont 12 à 15 mètres de hauteur; ceux marchant à la houille atteignent 28 et 30 mètres. — Pour amener les matières au gueulard on se sert soit de plans inclinés, soit de monte-charges.

Maintenant que nous connaissons le haut-fourneau nous allons expliquer aux lecteurs ce qui s'y passe:

Il s'opère deux mouvements contraires: un

ascendant, un descendant. Les matières introduites par le gueulard tendent en raison de leur poids à descendre vers les parties inférieures, où s'opère la décomposition, tandis que l'air venant des tuyères monte vers le haut.

L'air, à son arrivée dans le fourneau, pénètre la masse en ignition et se décompose en oxyde de carbone; l'azote devient libre et s'échappe par le gueulard avec l'hydrogène dégagé de la vapeur d'eau. L'oxyde de carbone continuant à monter ne tarde pas à se suroxyder aux dépens de l'oxygène des oxydes.

Comme on le voit, le fer se dépouille donc de son oxygène; mais en même temps il est pénétré par la vapeur du charbon, qui le carbure et en fait de la fonte.

Les terres qui accompagnent le minerai s'en détachent et forment le laitier.

Nous venons de voir comment s'opère la transformation du minerai en fonte; nous allons étudier maintenant l'affinage de la fonte, c'est-à-dire la transformation de la fonte en fer.

L'affinage consiste dans la décarburation de la fonte, c'est-à-dire : transformation de la fonte en fer. Nous passerons sous silence tous les procédés successifs qui ont amené petit à petit au mot actuel « *le puddlage.* »

Ce fut une révolution dans la métallurgie, car ce procédé permet d'affiner à la houille de grosses masses, le métal ne se trouvant pas en contact direct avec le combustible.

Le four à puddler est un four à réverbère en

briques réfractaires avec revêtement en fonte.

Il se compose d'une chambre ayant la forme d'une caisse rectangulaire surmontée d'une voûte; cette chambre est divisée en deux parties, dans la première doit brûler la houille, dans la seconde doit s'opérer la transformation.

La houille brûle sur une grille.

La voûte du four est disposée de telle façon que les flammes se rendant vers la cheminée placée à l'extrémité de la partie où s'opère la transformation, viennent lécher la *sole* sur laquelle se trouve la fonte.

Le tirage se règle au moyen d'un registre, espèce de plaque de fonte qui diminue plus ou moins l'ouverture de la cheminée.

Par une petite porte ménagée sur une des parois, le puddleur, au moyen de ringards, brasse la fonte de manière à exposer à l'action de la flamme le plus de surface possible. La combustion est activée par des machines soufflantes.

On doit allumer le foyer une demi-heure avant de placer la fonte sur la sole. Une fois le four arrivé à une température convenable, le puddleur place sa charge en formant avec les morceaux des espèces de créneaux. Cela fait, son aide remplit le foyer de houille jusqu'à ce que l'ouverture soit obstruée, il ferme la porte de travail, la fixe avec de l'argile et le puddleur attend que la fusion soit sur le point d'arriver. Au bout de 30 à 40 minutes, la fonte a un aspect demi-liquide, le puddleur, au moyen de ses ringards, l'étend sur la sole tout en diminuant l'action du feu en abaissant les registres. Il expose toutes les parties de la fonte à l'action oxydante de l'air qui arrive abondamment. La matière se granule ; à ce moment, il a soin de jeter sur la fonte un peu d'oxyde des battitures. (On appelle oxyde des battitures les écailles de métal qui se détachent d'une pièce de fer que l'on forge).

Le travail est long et très-pénible, car la décarburation est fort lente. Pour l'activer un peu, le puddleur arrose sa fonte avec de l'eau qui en se décomposant favorise l'oxydation, ensuite il brasse la matière pendant un certain temps.

La première partie de l'opération est terminée ; la seconde consiste à laisser fermenter le métal pour faire échapper le souffre et achever la décarburation. Une fois que l'aspect de la flamme fait voir à l'ouvrier que tout le soufre est parti, avec un espèce de ringard, il amoncelle la masse pâteuse du fer et forme une série de lopins lesquels sont portés au *marteau pilon* d'abord et aux *cylindres dégrossisseurs* ensuite. Le pilon sert à faire suinter la loupe pour en extraire toutes les *scories* qui la pénètrent. Les cylindres dégrossisseurs donnent au fer une forme commerciale tout en achevant d'enlever les scories.

Les marteaux employés actuellement le plus communément sont les *pilons* actionnés par la vapeur. Ces appareils prennent quelquefois des dimensions colossales ; tel par exemple celui exposé par le Creuzot et dont nous parlerons plus tard.

Les laminoirs sont connus de tout le monde ; ils se composent de deux cylindres frottant l'un contre l'autre et tournant dans un sens opposé ; ils sont maintenus dans leur position par des vis de pression.

Lorsque l'on veut donner au fer une qualité supérieure, après l'avoir fait passer aux cylindres dégrossisseurs, on le coupe en petites barres appelés *stampings,* on les place les unes sur les autres et on forme des paquets appelés *trousses.* Ces trousses sont soudées ensuite dans un four spécial destiné à les réchauffer. Une fois soudées on les fait passer par une autre paire de cylindres appelés : « *cylindres finisseurs.* » Cette opération s'appelle : le *corroyage.*

Indépendamment des cylindres et des marteaux-pilons, on se sert également dans certaines usines de différents appareils appelés : *squeezer, marteau frontal, martinet,* etc...

Nous aurons occasion de décrire ces appareils dans l'examen que nous ferons des engins exposés.

Quand on veut obtenir du petit fer, on fait passer un lopin dans des laminoirs munis de couteaux, de sorte qu'avec un seul morceau de fer on obtient dans le même temps plusieurs barres de mêmes dimensions ; cette opération s'appelle : « *fenderie.* »

Les tôles s'obtiennent en faisant passer une trousse par des laminoirs successifs jusqu'à l'épaisseur désirée. Primitivement les tôles s'obtenaient au marteau, opération très-longue et très-difficile.

Voilà l'exposé des opérations qui constituent le travail dans les forges pour obtenir le fer dit *marchand*. De nombreux volumes seraient utiles pour traiter à fond cette matière; mais nous croyons en avoir assez dit pour le but que nous nous proposions d'atteindre. Quelques explications sur l'*aciérie* et la *fonderie* achèveront d'édifier le lecteur suffisamment pour qu'il prenne quelqu'intérêt à l'examen que nous ferons de la partie métallurgique de l'Exposition.

DE L'ACIÉRIE. — L'acier est, comme nous l'avons dit, un composé de fer et de carbone, durcissant par la trempe et susceptible d'acquérir une grande élasticité par un recuit convenable.

La production de l'acier peut s'obtenir par plusieurs moyens, qui sont :

1º Directement du minerai par la *méthode dite catalane.*

2º *Par le puddlage*, en affinant la fonte de manière à l'amener à la composition chimique de l'acier; le produit obtenu par ce procédé porte le nom d'*acier puddlé.*

3º Par la *cémentation :* en faisant entrer du carbone dans le fer par la dilatation de ses pores.

4º Par le procédé *Bessemer*, qui consiste à

obtenir par affinage en quelques minutes de grandes masses d'acier.

Pour obtenir un acier homogène ayant du *corps* et de la *finesse*, on fait fondre dans des creusets des morceaux d'acier obtenus par les diverses méthodes indiquées ci-dessus. Cet acier porte le nom d'*acier fondu*. Nous allons passer en revue, avec le plus de brièveté possible, ces différentes manières d'avoir de l'acier.

Méthode catalane. — Le fourneau employé est bas, il a la forme d'un parallélogramme ; dans ces fourneaux on traite directement le minerai pour obtenir l'acier. Le travail dure environ cinq ou six heures.

Avec 250 kilogrammes de minerai, on peut obtenir 140 à 150 kilog. d'acier. Le cinglage se fait de la même manière que pour le fer ; seulement on a le soin une fois les barres étirées de les jeter dans l'eau froide contenant une certaine quantité de sel marin.

C'est dans l'Inde, dès les premiers âges, qu'a eu lieu la première production d'acier ; c'était une matière recherchée et de beaucoup de valeur qui ne servait guère qu'à faire des lames de sabre ; s'il faut en croire l'histoire, lors de l'invasion de l'Inde par Alexandre-le-Grand, Porus lui offrit trente livres d'acier, ce qui était considéré comme un présent magnifique.

Pour produire l'acier, les Indiens traitaient directement le minerai comme dans la méthode catalane. Il y avait et il y a encore du reste deux espèces d'acier indien : le *wootz* et le *damas.* Le wootz n'est autre que l'acier obtenu par la réduction du minerai, l'*acier damassé* est celui obtenu par la fusion du *wootz*.

Acier puddlé. — On se sert pour obtenir de l'acier par le puddlage, de fontes spéciales manganésifères et très-riches en carbone; l'opération se fait dans un four à réverbère semblable à peu près à celui décrit pour le puddlage du fer.

Au lieu de maintenir la fonte au milieu du courant d'air on a le soin de la tenir au-dessous de la tuyère de telle façon que la fonte se décarbure lentement et d'une manière progressive ; le puddleur arrête l'opération dès qu'il juge que le métal est à l'état d'acier. Cette opération est très-difficile à mener et nécessite de très-bons ouvriers. Les loupes, une fois formées, sont cinglées, réchauffées et étirées. Le réchauffage peut se faire sur la sole du four à puddler pendant la fusion d'une charge. J'ai vu procéder ainsi à Firminy dans l'usine de M. Holtzer.

Acier de cémentation. — Cette opération consiste à faire pénétrer ler fer par le carbone jusqu'à une certaine profondeur.

L'acier cémenté se fait de la manière suivante : On place des barres de fer bien corroyé dans des caisses en briques disposées dans un four rectangulaire oblong. Les barres de fer sont rangées par lits intercalés de couches de cément.

Le cément est un composé de charbon et de

savate brûlée (cyanhydrate d'ammoniaque). Les deux caisses en briques sont supportées par des piliers afin de permettre à la flamme de circuler autour.

Le fourneau est recouvert d'une enveloppe cônique pour empêcher les pertes de chaleur. On a le soin de laisser plusieurs ouvertures à différentes hauteurs par lesquelles on fait passer des barres de fer qui permettent de voir si le métal est bien aciéré.

On fait arriver la chaleur au rouge cerise et on maintient cette température pendant un temps plus ou moins long selon le degré de carburation qu'on veut obtenir, puis on laisse refroidir.

Lorsque l'on sort les barres du four, elles sont pleines d'ampoules et leur poids a augmenté de plus d'un centième.

Après là cémentation on procède comme pour l'acier puddlé ; on fait des paquets, on les réchauffe et on les corroie.

Procédé *Bessemer*. — « *Brûler l'excès de carbone de la fonte par un simple jet d'air au travers de ses molécules.* » Tel était le problème que s'était posé M. Bessemer et à la solution duquel il est arrivé d'une façon merveilleuse; dans ce procédé le bain de fonte se comporte comme un combustible.

En vingt minutes on affine de grandes masses de fonte. Cet affinage s'exécute dans un appareil appelé *convertisseur ;* c'est une espèce de cornue à col très-court, garnie intérieurement d'un revêtement réfractaire et communiquant avec une hotte en tôle.

Cette cornue est mobile autour d'un axe.

La partie inférieure est munie d'un réservoir qui communique avec l'intérieur de la cornue. par le moyen d'espèces de tuyères. Le vent d'une machine soufflante pénètre par les tourillons qui supportent la cornue. Pour opérer, on fait un léger feu; au bout de quelques instants on la renverse, on vide les cendres, on la remplit de fonte en fusion dont le poids varie de 5,000 à 10,000 kilogrammes, et l'on redresse la cornue tout en donnant le vent, qui pénètre et traverse impétueusement le bain de fonte qu'il brasse et affine d'une façon autrement puissante que le ringard d'un puddleur.

A l'arrivée du vent, c'est le silicium qui brûle et fournit des scories qui s'échappent par la hotte ; puis la combustion du carbone commence et la température augmente et devient effrayante jusqu'au moment où le fer lui-même se met à brûler, ce dont on s'aperçoit lorsque la flamme maigrit; c'est le signe de la fin de l'opération.

Alors on renverse la cornue, on arrête le vent et on coule le métal dans des lingotières.

Les *convertisseurs* sont généralement actionnés par des appareils hydrauliques.

Acier fondu. — Tous les procédés décrits ci-dessus ne donnent jamais des aciers homogènes et d'une densité uniforme. Pour remédier à cela, on fond les aciers dans des creusets à l'abri du contact de l'air, de façon que toute la masse se sature également.

La fusion de l'acier se fait généralement dans des creusets. Ces creusets exigent de grands soins dans leur fabrication, aussi leur coût est-il élevé. On les place dans un four spécial chargé à la houille ou au coke ; au moment où ils commencent à ramollir par la température élevée, on introduit dans chacun d'eux 20 kilogrammes d'acier puddlé cémenté où naturel. Lorsque la fusion est arrivée au point voulu, l'ouvrier placé sur le four saisit les creusets avec des pinces et coule l'acier dans un moule en fer.

Les malheureux ouvriers qui font ce dur service sont effrayants à voir ; revêtus de vêtements imprégnés d'eau, la tête penchés sur l'ouverture du four, gouffre béant où règne une température de 1,600 à 1,700 degrés, ils fument comme s'ils étaient en feu et on est tenté de voir en eux les divinités infernales de l'ancien monde païen.

La bonne qualité de l'acier se reconnaît à un grain fin et d'un gris de fer éclatant.

On obtient de l'acier par d'autres procédés, tels qu'avec les fours *Siémens, Martin, Pernot*, etc., nous les décrirons quand nous parlerons des usines qui se servent de ces appareils.

FONDERIE. — Sous forme ds fonte de seconde fusion, le fer a encore une application très-étendue dans l'industrie. Le travail du fer sous cette forme prend le nom de *Fonderie*.

La fonderie est un établissement qui a pour but d'arriver par divers moyens à couler la fonte liquide dans des moules où elle prend des formes données. La seconde fusion de la fonte se fait dans un fourneau appelé *cubilot* : c'est une espèce de cuve en briques retenues par des plaques de fer circulaires serrées fortement par des cercles de même métal. Ces fours ont environ 4 à 5 mètres de hauteur; — le vent est donné par des ventilateurs. On fait couler la fonte dans des poches manœuvrées soit par des hommes, soit mécaniquement et on la verse ensuite dans les divers *moules* préparés d'avance.

On appelle *moule* un vide pratiqué dans une matière, lequel doit être rempli par le métal en fusion.

Ce moyen s'obtient au moyen d'un corps solide appelé *modèle.*

Les modèles sont généralement en bois (sapin du nord).

Pour faire le *moule* on se sert de sable.

Le moulage se divise en deux parties.

Le moulage *à découvert* et le moulage sous *châssis.*

Les objets qui ne doivent être vus que d'un côté sont moulés à découvert. Les autres sont moulés sous châssis.

Il y a, en outre, deux espèces de moulages:

1° Le moulage simple qui prend la forme des pièces unies ;

2° Le moulage à noyaux qui prend la forme des pièces à bosses et à creux.

Le sable employé pour la confection des moules est spécial et doit subir une certaine préparation.

Nous avons enfin terminé l'exposé très-sommaire de la métallurgie du fer. Cet exposé était nécessaire car il va nous permettre de pouvoir entrer dans quelques détails sans trop de crainte de fatiguer le lecteur.

La métallurgie du fer proprement dite traverse une crise qui dure déjà depuis plusieurs années, non-seulement dans toute l'Europe, mais encore en Amérique. La cause en est dans l'augmentation de la production et dans la diminution de la consommation.

La substitution de l'acier au fer dans les Compagnies de Chemins de fer est pour beaucoup dans cette diminution.

Ce ralentissement dans la consommation du fer durera-t-il ? Il est assez difficile de répondre catégoriquement à cette question, cependant on peut présumer que non ; en songeant à la tendance que l'on a à employer le fer dans les constructions en remplacement du bois, tendance qui s'accentuera sûrement si l'on se décide à se servir du moyen de M. *Barff*; moyen qui consiste à protéger le fer contre la rouille en l'entourant d'un oxyde de fer aimanté; nous verrons dans la section anglaise la description du procédé employé pour arriver à ce but.

Il est de toute évidence que cette substitution du fer au bois atténuera singulièrement la crise sidérurgique pour une longue période.

Le renchérissement de la houille est aussi une des causes de l'arrêt qu'a subi la marche progressive dans la métallurgie du fer.

Dans toutes les anciennes exploitations houillères, on est obligé de descendre de plus bas en plus bas pour rencontrer la houille, de là augmentation dans le prix de revient.

Quand on pense que sur le globe on extrait une moyenne annuelle de *deux cent cinquante milliards* de kilogrammes de houille, on se demande si l'épuisement des bassins houillers n'est pas prochain ?

S'il faut en croire les statistiques du parlement anglais, la richesse houillière de l'Angleterre, le pays qui produit le plus, peut durer jusqu'à l'an 3100.

Nous croyons donc qu'il n'y a pas lieu de s'effrayer pour un avenir prochain, surtout en songeant que si les moyens de transports venaient à pouvoir se faire à meilleur compte, un grand nombre de gisements pourraient être exploités.

Quant au fer et à l'acier leur production sur le globe est considérable. En 1876 la production du fer brut s'élevait à 15 milliards trois cent millions de kilogrammes.

Celle de l'acier à 2 milliards cent huit millions trois cent quatre-vingt-quatre mille, produits par 97 aciéries.

Maintenant que nous avons donné un léger aperçu de statistique globale passons à l'examen des produits de chaque nation :

FRANCE

La France favorisée par un sol renfermant de grandes quantités de minerais et par d'immenses forêts qui couvraient la contrée fut, quand elle s'appelait la Gaule un des premiers pays d'Europe où l'on fit usage du fer. Partout on trouve des vestiges d'une ancienne fabrication, partout des amas de scories abondent dont la haute antiquité est incontestable, les couches supérieures de scories s'étant transformées en terre végétale.

Les habitants de la Bretagne arrivèrent même en ce temps à une certaine perfection dans leurs travaux sidérurgiques. Jules César mentionne dans ses commentaires que les Venètes qui peuplaient les côtes de l'Océan, forgeaient des chaînes et ancres pour leurs navires, tandis que les Romains employaient encore des cordes en chanvre pour retenir leurs vaisseaux.

César dit encore qu'au siége d'Avaricum (Bourges), les habitants faits aux durs travaux des mines de fer, établissaient des galeries souterraines pour venir saper les ouvrages des Romains.

L'apparition de la fonte en France eut lieu vers 1517; le premier document qui en parle, dit M. Jules Garnier, est un poëme en latin composé par un nommé Nicolas Bourbon dont le père était forgeron à Vandeuvre-sur-Barse (Aube). Les premiers fourneaux qui servirent à produire la fonte, dit ce Nicolas Bourbon, avaient trois mètres de hauteur.

Comme je l'ai déjà dit, de nombreux gisements de minerai d'excellentes qualités existent en France. Les Vosges, le Centre, les Alpes, les Pyrénées, les Cévènes et l'Algérie en fournissent une grande quantité.

D'après une statistique officielle faite dans ces dernières années, le nombre des mines exploitées en France est de 251, ayant une superficie de 1,187 kilomètres carrés.

Ces mines ne suffisent pas néanmoins pour alimenter les usines françaises; l'Espagne, l'Algérie et l'île d'Elbe fournissent le complément nécessaire. On extrait annuellement environ trois milliards cent millions de kilogrammes de minerai. La fabrication du fer s'est élevée en France en 1869 à 903,702,000 kilogrammes! depuis cette époque, cette production s'est abaissée sensiblement, mais en revanche la production de l'acier a été toujours croissante.

L'industrie sidérurgique à éprouvé depuis une vingtaine d'années les modifications les plus importantes par les perfectionnements apportés aux procédés de fabrication.

Avec les fours à chauffer le vent des hauts fourneaux, on est arrivé à réaliser une grande économie, au moyen surtout des systèmes Witwell et Cowper Siemens.

Avec les fours à pudler rotatifs on est arrivé à diminuer le temps de fabrication.

Avec les fours du système Siemens-Martin, on peut atteindre les plus hautes températures connues et arriver ainsi à fondre le métal presque complétement décarburé et par conséquent à obtenir des aciers doux. .

Les fours à vent chaud du système *Cowper-Siemens,* consistent en une grande quantité de petites chambres en briques communiquant entre elles.

On fait arriver, au moyen de dispositions spéciales, les gaz qui s'échappent du *gueulard;* ces gaz brûlent et chauffent les briques. Lorsque celles-ci sont bien chauffées, on arrête l'arrivée des gaz et on lance le vent des machines. Ce vent, à sa sortie des fours, a une température de 700 à 800 degrés; on a, bien entendu, deux appareils par tuyère, de sorte que lorsque l'un reçoit et échauffé l'air, l'autre est échauffé par les gaz, et vice-versâ; cette distribution est réglée par des valves.

La pratique a fait reconnaître que dans leur circulation, les gaz déposaient des poussières qui engorgeaient l'appareil; *M. Witwell,* maître de forges en Angleterre, chercha un appareil qui eut les avantages du système Cowper-Siemens, sans en avoir les inconvénients. Pour arriver à ce résultat, il substitua d'une part aux petites chambres en briques des foyers Cowper, de larges conduits de circula-tion dont les sections sont séparées par des cloisons pleines formant chicanes et ne présentant de dégagements qu'alternativement, en haut et en bas, de telle sorte que les gaz parcourent toute la surface offerte par les deux côtés des cloisons successives.

D'autre part, M. Whitwell installa, en haut et en bas des couloirs, des séries d'ouvertures, fermées par des tampons mobiles de manière à pouvoir, au moyen d'instruments spéciaux, enlever complétement les dépôts formés : Ce nettoyage peut se faire à la chaleur rouge, sa durée est de cinq à six heures et il n'est exigible que cinq ou six fois l'an, et par consé quent n'est nullement préjudiciable à la marche du haut-fourneau. Les valves de distribution ne se détruisent pas sous l'action de l'énorme chaleur qui règne dans ces appareils, M. Whitwell ayant appliqué des dispositions spéciales de circulation d'eau.

M. Whitwell a exposé un petit modèle de son système dans la classe 50 de la section française ; ce modèle est coupé de façon à pouvoir examiner les dispositions intérieures.

Nous avons vu précédemment que pour décarburer la fonte, il fallait lui faire subir l'opération appelée *puddlage* qui consiste à exposer à l'action de l'air atmosphérique le plus de surface possible d'un bain de fonte pâteuse.

Pour arriver à ce résultat, nous avons dit que l'ouvrier *puddleur* était obligé de brasser le métal, travail très-long, très-pénible pour l'ouvrier et très-coûteux pour le patron. Le remplacement de ce travail manuel par un travail mécanique quelconque, constitue le progrès cherché et trouvé par divers maîtres de forges.

MM. Walker et Warren furent les premiers qui rendirent mobile la sole du four à puddler en la faisant tourner autour d'un axe légèrement incliné ; la fonte se brassait d'elle-même ; la grande difficulté était de trouver un revêtement capable de résister à l'action corrosive des corps à traiter ; jusqu'à ce que cette difficulté fut vaincue, aucune application en grand n'était possible.

Ce fut un américain, M. Danks qui, il y a quelques années, rendit pratiques les fours rotatifs en garnissant ces fours intérieurement avec un mélange de minerai et de scories de forges.

Le four rotatif qui porte le nom de cet américain consiste en un foyer qui envoie ses flammes dans un tambour muni extérieurement d'une roue dentée commandée par un pignon ; ce cylindre est animé d'un mouvement uniforme, la fonte placée dedans et exposée à l'action des flammes du foyer, se décarbure peu à peu. Ce four produit de 4 à 500 kilogrammes par opération.

En 1873, un Français, M. Pernot, a construit un four mécanique qui permet de pouvoir obtenir des petits lopins de 50 à 100 kilogr. de façon à ne pas être obligé d'employer des marteaux-pilons colossaux, appareils énormément coûteux.

Ce four consiste dans une cuvette circulaire

en fonte convenablement garnie; cette cuvette est mobile autour d'un axe, la sole est inclinée de 10 à 12 pour cent, elle fait trois tours par minute, un chariot supporte le tout de telle façon que l'opération terminée, on peut enlever la sole et son contenu.

Un modèle de ce four est également exposé dans la classe 43 de la section française.

Indépendamment des fours rotatifs, on se sert également de fours dits à puddler mécani-quement. Au moyen de dispositions spéciales, on est arrivé à animer un ringard d'un mouvement alternatif de va et vient qui fait que la fonte est brassée sans le secours du puddleur ; cette disposition a un grand avantage, c'est qu'elle peut s'adapter à toutes les anciennes installations.

Nous avons vu d'une part que le procédé Bessemer n'est avantageux qu'en répétant souvent les opérations de façon à produire de grandes masses d'acier. Toutes les usines ne peuvent pas se permettre ces installations coûteuses, leurs débouchés n'étant pas suffisants.

D'autre part, qu'avec les fours à réverbère il est impossible d'obtenir directement des aciers doux, il faut pour cela avoir recours à une seconde fusion ce qui est une augmentation dans le prix de revient.

Il s'agissait donc de trouver le moyen d'obtenir sur la sole d'un four à réverbère la liquéfaction complète de l'acier, de façon à le fabriquer vite et en masses beaucoup plus fortes que celles obtenues au creuset.

Pour arriver à ce résultat il fallait pouvoir produire une chaleur encore inconnue jusquelà. M. Siemens atteignit le but désiré au moyen de son système de chauffage; dès lors le fer fondu sur la sole s'obtint en grande quantité.

Le procédé Siemens consiste à transformer les combustibles en gaz *oxyde de carbone*, à échauffer à une haute température ce gaz et l'air, et ensuite à le brûler. Cet échauffement du gaz et de l'air se fait avec économie en se servant de la chaleur que possèdent encore les gaz brûlés à leur sortie du four.

Ce four se compose d'un *gazogène*, c'est-à-dire de la chambre où se produit le gaz, de *générateurs* ou chambres en briques réfractaires destinées à condenser la chaleur que les gaz brûlés contiennent encore ou au contraire à rendre cette chaleur aux gaz et à l'air non encore brûlés avant leur réunion pour brûler sur la sole du four.

Avec ce système, on peut obtenir une température toujours croissante qui n'a de limite que dans le danger de faire entrer en fusion les matières qui composent le four.

Le four Martin ne diffère de celui employé par Siémens que dans les détails. La question tranchée par MM. Martin était de bien établir les proportions et les qualités de la fonte et du fer, et à bien utiliser l'action des flammes en les rendant par diverses dispositions successivement neutres, oxydantes ou réductrices.

Un four de ce système est exposé dans la section française classe 50.

Nous venons de voir les progrès apportés par les appareils décrits ci-dessus, les résultats sont déjà d'une grande importance; mais M. Bérard, ingénieur, membre du jury de la classe 43 paraît être arrivé à beaucoup mieux.

Les procédés de M. Bérard ne sont encore bien connus que d'un petit nombre ; mais il est évident qu'ils sont destinés à faire faire à la métallurgie un grand pas vers le progrès. Nous allons en donner une idée et nos lecteurs reconnaîtront qu'il était difficile d'étudier la question avec plus de soin que ne l'a fait M. Bérard : aucun détail n'a été omis ; quant aux résultats, théoriquement ils sont concluants, tant au point de vue de l'économie apportée à la fabrication, que de la qualité donnée aux matières fabriquées. Espérons que la pratique répondra aux espérances que nous donne la théorie.

Le système de M. Bérard embrasse l'ensemble du traitement sidérurgique depuis la réduction du minerai pour en obtenir la fonte jusqu'à la production de l'acier ; il se divise donc nécessairement en deux opérations principales :

1° Production de la fonte.

2° Transformation directe de la fonte en acier.

Production de la fonte. — M. Berard fait usage pour la production de la fonte, d'un haut fourneau au gaz; de telle façon que tous les éléments constitutifs de la houille sont utilisés, les gaz sont produits à l'aide d'un gazogène parfaitement organisé et ils n'arrivent au haut fourneau que parfaitement épurés.

La quantité de coke employé pour les mélanges est réduite au minimum, en outre on sait que la capacité de réduction des gaz hydrogènés est beaucoup plus considérable que celle de l'oxyde de carbone. Si donc, on arrive à pouvoir employer ces gaz à la réduction des minerais, il en résultera que pour un même poids de ces gaz, comparé à un équivalent d'oxyde de carbone, on réduira une quantité de minerai beaucoup plus considérable.

L'auteur admet une économie de 50 pour cent, cette prétention ne paraît pas exagérée.

Il nous est impossible d'entrer ici dans le détail des moyens d'exécution.

Le haut fourneau au gaz tel qu'il est combiné par l'inventeur est bien plus maniable que les hauts fourneaux ordinaires ; le creuset est mobile et son revêtement intérieur se compose d'un mélange d'anthracite et de scories d'affinage de sorte que les fontes ne se saturent pas de silicium, comme dans les hauts fourneaux actuels.

Ajoutons que l'hydrogène a la propriété de communiquer au fer, à la fonte et à l'acier, des qualités exceptionnelles.

La fonte ainsi obtenue dans des conditions économiques est très-carburée ; elle est, du haut-fourneau, directement versée dans un four de construction spéciale ; là, elle est tranformée en acier par une action qui peut être à la volonté de l'opérateur oxydante ou réductrice, au moyen d'un mélange d'air et de gaz variable en proportion. Cette transformation est rapide et économique, le déchet est insignifiant. On obtient ainsi, non pas un métal semblable à celui qu'on retire des convertisseurs Bessemer ; mais un véritable acier. On développe par ce système la température la plus élevée, ce qui permet d'obtenir les aciers les plus doux et même le fer homogène.

Par l'ensemble des dispositions adoptées par M. Berard, on arrivera à produire des tôles d'acier d'excellentes qualités à un prix peut-être inférieur, mais au plus égal à celui des tôles ordinaires en fer.

Les conséquences de cette baisse de prix seront incalculables. Les navires de toutes espèces pourront être construits uniquement en acier, ils seront par conséquent moins coûteux, plus solides et plus légers.

Les usines métallurgiques pourront produire plus économiquement des produits de qualité supérieure ; de là, écoulement plus facile qui atténuera singulièrement la crise qui sévit depuis si longtemps.

Nos grands industriels apprécieront-ils toutes les qualités du système métallurgique de M. Berard ? Nous l'espérons ; en tous cas, nous sommes heureux d'avoir signalé ce fait et d'appeler sur lui l'attention des métallurgistes.

EXAMEN DES PRODUITS EXPOSÉS

La métallurgie du fer est grandement représentée à l'Exposition. Nous allons passer en revue ces diverses expositions en commençant par celle de la Société de *Terre-Noire, la Voulte et Bessèges.*

SOCIÉTÉ DE TERRE-NOIRE, LA VOULTE ET BESSÈGES.

Cette Société fut fondée en 1819. C'est une des usines les mieux situées de toute la France ; établie sur le chemin de fer et sur la houillère, elle possède des moyens de production considérables.

En 1862, la fabrication de l'acier Bessemer fut installée à *Terre-Noire.* Cette fabrication prit une grande extension en 1867, à la suite d'un marché conclu avec la Compagnie des chemins de fer de Paris à Lyon pour la fabrication de rails en acier Bessemer. En 1868, le procédé *Siemens-Martin* fut également adopté. En 1873, Terre-Noire employa pour la première fois de vieilles matières phosphoreuses pour la fabrication des rails.

La Société possède : 19 hauts-fourneaux, 14 appareils Cowper-Siemens pour le chauffage du vent, 84 fours à puddler, 55 fours à réchauffer, 8 convertisseurs Bessemer, 15 fours Siemens-Martin, 143 machines formant une force de 8,505 chevaux, 7 trains de laminoirs pour puddlage, 21 trains de laminoirs pour fers et aciers, 12 marteaux-pilons, 10 locomotives. Le personnel de cette Société se compose de 439 employés et 7442 ouvriers.

La production annuelle de minerai s'élève à 160,000 tonnes, celle de la fonte à 138,000 tonnes, du fer à 51,506 tonnes, de la fonte moulée à 24,000 tonnes et de l'acier à 135,500 tonnes. On voit que la production de l'acier est près de trois fois plus forte que celle du fer. On peut juger de l'importance qu'a prise la fabrication de l'acier à *Terre-Noire* en comparant le chiffre indiqué ci-dessus avec celui donné dans le rapport du jury de l'Exposition de 1867; chiffre qui s'élevait à 14,400 tonnes.

Nous avons donné la nomenclature du gros outillage de Terre-Noire pour montrer à nos lecteurs l'extension prise par cette Société, qui est actuellement propriétaire des plus importantes usines métallurgiques de France.

L'exposition de Terre-Noire est fort bien entendue et méthodiquement aménagée; on y voit une collection de minerais provenant de ses exploitations d'Algérie et d'Espagne.

Les minerais provenant des exploitations de Terre-Noire sont des *hématites rouges* et des variétés *d'oxyde hydraté;* ceux provenant d'Algérie et d'Espagne sont des *oxydes magnétiques* et des *hématites manganésifères.*

En 1875, grâce aux appareils *Siemens Cowper* on obtenait dans les hauts fourneaux les températures les plus élevées qu'il soit possible d'y obtenir et on put alors appliquer le haut-fourneau à la production du ferromanganèse avec alliages de silicium, de Tungstène et de Chrôme.

Ces alliages permettent d'obtenir avec le silicium, des aciers sans soufflure, avec le chrôme et le tungstène, des aciers d'une dureté et d'une tenacité extraordinaires.

La compagnie de *Terre-Noire* a exposé différents échantillons de fonte pour affinage, de *spiegel-eisen*, contenant jusqu'à 18 pour cent de manganèse, de *fer de manganèse*, contenant de 25 à 85 pour cent de manganèse, *d'alliage de chrôme* contenant 25 pour cent de chrôme, *d'alliage de tungstène*, en contenant 24 pour cent.

Comme fer on remarque :

1° Des échantillons de fer ordinaire pour bandages de roues de voitures, boulonnerie, tôles.

2° Des fers forts pour les rivets des ponts, serrurerie.

3° Des échantillons de fer supérieur pour cornières.

4° Des fers fins et aciers puddlés pour les foyers de chaudières.

Comme aciers, on en trouve une belle collection.

Lors des premières fabrications d'acier au

procédé Bessemer, on admettait qu'il fallait employer des matières premières aussi pures que possible. Le phosphore était banni de tout acier comme rendant l'acier très-cassant, et il était, par suite, comme je l'ai déjà dit, la terreur des sidérurgistes. Cette action du phosphore sur l'acier à été étudiée avec soin par les ingénieurs de l'usine de Terre-Noire.

Ces études eurent pour résultat de découvrir : *que le phosphore peut être introduit dans l'acier fondu à la condition d'éliminer une partie du carbone et que moins il y aurait de ce dernier plus on pourrait introduire de phosphore.* »

Cette loi s'est généralisée depuis 1874, on est arrivé un peu partout à produire des rails d'acier en se servant dans le four Siemens Martin d'une certaine proportion de vieux rails phosphoreux.

La Société de Terre-Noire a profité de l'Exposition pour faire de nouvelles expériences et elle avait exposé un certain nombre d'échantillons d'acier contenant de 0,247 à 0,398 0/0 de phosphore.

Tous les aciers *phosphoreux* contiennent du manganèse car l'expérience a démontré que pour pouvoir éliminer le carbone il fallait dans le cours de l'opération faire une addition de *ferro-manganèse.*

Tous les échantillons que nous venons de passer en revue ont subi des épreuves soit au *choc,* soit à la *flexion,* soit à la *traction,* soit encore à la *compression.*

On remarquait encore : 1º Des échantillons d'acier sans soufflure grâce à une addition de silicium ; — 2º des pièces de fonte moulée, telles que tuyaux, obus, etc...; — 3º des rails en acier dont un de 16 mètres de longueur, type de la Compagnie du chemin de fer de Paris à Lyon. Ce rail pèse 35 kilogrammes par mètre courant.

Sous le nº 597, était exposée une photographie d'un laminoir à tôles qui vient d'être construit ; on peut, avec cet engin, laminer des tôles de 2^m500 de largeur, la machine à renversement est d'une force de 200 chevaux.

La machine soufflante de Bessèges, servant aux convertisseurs, était représentée par un modèle en bois à la réduction de un cinquième ; cette machine est du système Woolf.

La machine soufflante de Tamaris, du même système que la précédente, était représentée par un dessin.

Pour terminer, citons comme chose bien établie et fort curieuse, un plan en relief représentant la vallée de la Lize. Il était disposé de telle façon que l'on pouvait voir toutes les couches géologiques qui composent les terrains sur lesquels est construit l'usine de *Terre-Noire.*

SOCIÉTÉ ANONYME DE COMMENTRY-FOURCHAMBAULT.

Cette Société s'est formée de l'adjonction des

houillères de Commentry avec celles de Montvicq, dans l'Allier, et les aciéries d'Imphy dans la Nièvre. Les établissements de cette Société sont au nombre de neuf, savoir :

1° La mine de Commentry (Allier) ;
2° La mine de Montvicq (Allier) ;
3° Le chemin de fer de Commentry au canal du Berry ;
4° Les exploitations de minerais dans le Berry ;
5° Les hauts fournaux de Torteron ;
6° Les hauts fournaux de Montluçon ;
7° Les forges, aciéries et ateliers d'Imphy ;
8° Les forges et tréfileries de Fourchambault ;
9° Les fonderies et ateliers de Fourchambault ;
10° Les fonderies et ateliers de la Pique.

La puissance totale des machines à vapeur employées pour l'extraction des minerais est égale à 120 chevaux.

Le gros outillage de la Société se compose de : 12 hauts fourneaux, 7 cubilots, 4 convertisseurs Bessemer, 40 fours à puddler, 41 fours à réchauffer, 30 marteaux-pilons, tant à vapeur qu'à courroies, 13 trains de laminoirs, 63 machines à vapeur formant un total de 1,806 chevaux vapeur.

Depuis l'année 1867, les appareils Cowper-Siemens ont été adoptés pour le chauffage du vent nécessaire aux hauts-fourneaux.

La Société fabrique du *ferro-manganèse* renfermant jusqu'à 70 pour cent de manganèse.

La fusion de l'acier au creuset est produite à Imphy par des fours à gaz.

Les minerais exploités par la Société s'élèvent à 30,000,000 kilogrammes.

La production de la fonte s'élève à 70,000,000 kilogrammes par an.

La production annuelle de l'acier atteint près de 14,000,000 kilogrammes.

Celle du fer est de 26,000,000 kilogrammes par an.

Le nombre des ouvriers employés est de 7237 tant hommes que femmes et enfants.

La Société exposait : 1° des barres en acier fondu pour limes. — 2° des barres en acier corroyé et en acier naturel. — 3° des bandages. — 4° des essieux. — 5° des échantillons de fontes brutes de *ferro-manganèse* contenant de 70 à 80 pour cent de manganèse. — 6° des échantillons divers de fils de fers, galvanisé, cuivré rouge ou jaune. — 7° de divers échantillons de fer puddlé, tous ces échantillons ont subi des épreuves au choc. — 8° des pelles et des bêches. — 9° des roues en acier fondu au creuset. — 10° des pièces de charrues. — 11° des ressorts pour chemins de fer et pour la carrosserie. — 12° des tôles pour chaudières et flasques d'affûts, et enfin des chaînes en acier sans soudure du système David et Damoizeau, ingénieurs à Paris ; ces chaînes ont une résistance près de trois fois plus forte que celle des chaines en fer de mêmes dimensions.

COMPAGNIE DES FORGES D'AUDINCOURT

Cette Compagnie exploite sept établissements qui sont : Audincourt, Bourguignon, Pont-de-Roide, Clerval, Belfort, Chagey et Paris.

L'usine d'Audincourt est la plus importante, elle a été créée en 1619 par les princes de Montbeliard. Elle est situéesur la rivière du Doubs à quelques kilomètres de cette ville.

Cette usine comprend :

1° Un haut-fourneau au bois ;
2° Neuf feux d'affinerie au bois ;
3° Deux fours à puddler ;
4° Onze fours à réchauffer ;
5° Deux machines soufflantes ;
6° Deux martinets à vapeur ;
7° Cinq marteaux pilons de 1,000 à 1,800 kilogr.;
8° Huit trains de laminoirs ;
9° Un atelier de réparation ;
10° Un atelier de décaperie.

La force motrice est de 750 chevaux, (400 chevaux hydrauliques, 350 chevaux vapeur.)

Le nombre des ouvriers employés est de 300.

La production annuelle est d'environ 4,000,000 kilogrammes.

L'Usine de *Bourguignon* date de 1700 ; elle a été créée par les ducs de Lorges. Placée sur le Doubs, à 15 kilomètres d'Audincourt, cette rivière est son moteur hydraulique.

Cette usine se compose :

1° De sept feux d'affinerie ;

2° De huits fours à réchauffer ;

3° D'une machine soufflante ;

4° De deux marteaux à eau de 400 kilogrammes chacun ;

5° De quatre marteaux-pilons de 1,000 à 5,000 kilogrammes chacun ;

6° De six trains de laminoirs ;

7° D'un atelier de décaperie.

La force motrice se compose de 585 chevaux. dont 400 hydrauliques.

Le nombre d'ouvriers employés est de 260.

La production annuelle est d'environ 2,000,000 de kilogrammes.

L'usine de *Pont-de-Roide* est une annexe de la forge de Bourguignon ; elle se compose d'un *haut-fourneau* au bois, de trois cubilots et de deux fours à réverbère pour la fonderie, un atelier de tournage pour la fabrication des cylindres de laminoïrs, une machine soufflante ; la force motrice de l'usine est représentée par 70 chevaux dont 30 hydrauliques.

L'usine de *Clerval* date de 1795 ; elle appartient à la Compagnie depuis 1859 ; elle est placée à une quarantaine de kilomètres d'Audincourt, et se compose : d'un haut fourneau, de deux cubilots, d'une machine soufflante et d'un atelier de tournage ; la force motrice s'élève à trente chevaux vapeur. Le nombre d'ouvriers employés est de 120. La production annuelle du haut-fourneau est de près de 2,000,000 de tonnes.

La forge de *Belfort* a été créée vers 1680 par la famille Mazarin, la Compagnie l'a acquise en 1833.

Elle est situé à un kilomètre du chemin de fer de Paris à Mulhouse ; une petite rivière, *la Savoureuse*, lui sert de moteur hydraulique d'une force de 90 chevaux, une machine à vapeur de 20 chevaux vient renforcer cette force motrice.

Cette forge se compose de quatre feux d'affinerie (méthode comtoise), d'un marteau-pilon de 1,200 kilogrammes, de sept martinets à eau et d'une machine soufflante.

Le nombre d'ouvriers employés s'élève à 70.

La production annuelle est d'environ 1,000,000 de kilogrammes.

A *Chagey*, la Compagnie est propriétaire d'un haut-fourneau au bois ; la force motrice s'élève à 50 chevaux et actionne une machine soufflante et quelques scies mécaniques. Ce haut-fourneau produit environ 2,000,000 kilogrammes par an.

Le nombre des ouvriers est de 20.

A Paris, 64, rue Amelot, la Compagnie possède des ateliers qui ont été créés en 1853, et où l'on produit des *chaînes-Gall*, des *fers étirés*, et des *tuyaux en cuivre, et en fer sans soudure*.

La Compagnie des Forges d'Audincourt, occupe un des premiers rangs dans la métallurgie française, la réputation des fers d'Audincourt est traditionnelle ; leur qualité est supérieure, grâce à l'emploi des minerais exploités par la Compagnie et aux soins apportés dans la fabrication. Ces minerais ont un rendement de 45 à 46 pour cent, ils sont extraits des mines au moyen de machines à vapeur, ils sont ensuite désagrégés et lavés dans un *patouillet hydraulique* placé sur le Doubs à l'usine d'Audincourt.

La Compagnie exposait :

1° Des échantillons de minerais provenant de ses exploitations ; chacun de ces échantillons porte une étiquette indiquant sa nature et son rendement ;

2° Des échantillons de fontes ;

3° Des cylindres de laminoirs en fonte trempée ;

4° Des échantillons de fer de toute espèce provenant du traitement direct du minerai par la *méthode comtoise*. Ces barres-échantillons ont, les carrées, de 40 à 300 millimètres; les rondes, de 40 à 100 millimètres.

Tous ces échantillons ont subi des épreuves soit à chaud, soit à froid; on remarque une bielle motrice de locomotive n° 0,1 de la Compagnie de l'Ouest. Cette pièce brute de forge a été fabriquée chez MM. Cail et C° avec du fer martelé provenant d'Audincourt.

La Compagnie exposait également des outils aratoires, des essieux, des tôles minces et des grosses tôles. Toutes ces tôles sont faites au marteau-pilon.

Parmi les grosses tôles exposées, on remarquait :

1° Une feuille de 2,200 de largeur, 5,500 de longueur et 15 millimètres d'épaisseur ; les côtés de cette feuille n'ont pas été afffranchis, de sorte qu'il est facile de se rendre compte de la qualité du fer employé ;

2° Une tôle circulaire de 2^{m}410 de diamètre et une tôle de 10 mètres de longueur sur 1 mètre de large et 3 millimètres d'épaisseur ;

3° Diverses pièces, telles que tôles ambouties pour chaudière, d'une épaisseur de 12 millimètres ; ces échantillons montrent que ces tôles se prêtent parfaitement aux travaux difficiles de la chaudronnerie.

La Compagnie exposait aussi quelques échantillons de fer blanc, dont elle a été du reste un des premiers fabricants en France.

MM. SCHNEIDER ET C⁶. — USINES DU CREUSOT.

C'est en 1782, sous le ministère du marquis de la *Croix-Castrics* que le Creusot commença à acquérir de l'importance.

Monsieur *Ignace-Wendel d'Hayange*, commissaire du roi, et Monsieur *Pierre Touffaire*, installèrent au Creusot une fonderie pour y fondre la mine de fer au coke d'après la méthode apportée d'Angleterre par M. *William Wilkinson*; depuis, la prospérité de cet établissement a toujours été croissante et c'est maintenant une des plus puissantes maisons industrielles du monde.

Le Creusot est un grand exemple de ce que

peuvent faire l'intelligence et l'organisation persévérante, car il est situé dans une contrée. dont les houillères donnent des qualités inférieures, un minerai de fer argileux d'un rendement très-faible. Il se trouvait, en outre, lors de sa fondation, loin de toute communication naturelle. Son développement est dû, en ces dernières années, au génie de feu M. Eugène Schneider.

Nous allons donner une idée au lecteur de l'importance de ce vaste établissement en mettant sous ses yeux : sa superficie, sa production, etc...

Le Creusot occupe pour ses usines une surface de 423,280 mètres carrés, en outre, il est possesseur de terres agricoles, de prairies et de bois dont la superficie totale s'élève à 734,470 mètres carrés. Le nombre du personnel s'élevait le premier mai 1878 à 15,252 ouvriers ou employés.

Vingt sept locomotives et quinze cent dix-huit wagons composent son matériel de chemin de fer.

Deux cent quatre vingt une machines à vapeur, formant un total de treize mille trois cent trente-quatre chevaux, composent sa force motrice.

Cinquante-huit marteaux pilons à vapeur, dont un de quatre vingt tonnes forment le gros outillage des forges.

Comme outillage de construction, le Creusot possède : mille cinquante machines outils diverses.

La production annuelle s'élève :

Pour la houille à 549,000,000 de kilbgrammes.

Pour la fonte à 155,000,000 de kilogrammes.

Pour le fer et l'acier à 126,000,000 de kilo-grammes.

Comme constructions diverses, telles que : ponts, locomotives, machines de bateaux, etc., la production est annuellement environ de 25,000,000 de kilogrammes.

Certes il y aurait beaucoup de détails à donner sur le Creusot au point de vue de ses différents modes de fabrication ; mais les renseignements que nous avons pu obtenir sur ses usines sont si restreints que nous sommes obligés de limiter notre étude à un aperçu pur et simple.

Le Creusot tient ses procédés complètement au secret. A-t-il tort ? A-t-il raison ?

Au point de vue de l'intérêt général, nous ne pouvons que déplorer cette discrétion ; car un établissement pareil, à l'abri des dangers de la concurrence par ses puissants moyens d'action, est placé dans la meilleure des situations pour faire école dans tous les travaux métallurgiques.

Néanmoins, en examinant avec soin son exposition, on peut se donner une idée assez exacte des principes sur lesquels est basée sa fabrication.

Cette exposition était placée dans un bâtiment spécial, luxueusement aménagé ; le modèle de son gigantesque marteau pilon formait portail, attirait les regards et semblait menacer de sa masse imposante tout profane qui aurait voulu pénétrer dans ce temple de la sidérurgie moderne.

Les quatre portes des bâtiments étaient gardées chacune par deux blocs de minerai.

Dans l'intérieur, la statue de M. Schneider dominait l'ensemble des objets exposés. A ses pieds, un groupe représentant une femme montrant à un jeune garçon apprenti l'homme qu'il doit considérer comme son bienfaiteur.

Un plan en relief des usines tenait le milieu; ce plan est celui qui se trouve habituellement au Conservatoire des Arts-et-Métiers.

On remarquait ensuite :

1º Deux aquarelles représentant la conpe des différents bassins houillers appartenant à la maison Schneider.

2º Un dessin représentant une machine d'extraction.

3º Des aquarelles représentant les coupes des mines de fer d'Allevard, de Saint-Georges et de Laissey.

4º Une quantité considérable d'échantillons de minerai de tout espèce (crus et grillés).

5º Un modèle d'un plan incliné automoteur pour l'exploitation des mines de Saint-Georges.

6º Un modèle d'un câble aérien destiné à l'exploitation des mines d'Allevard.

7º Le dessin d'un four à gaz pour le grillage des minerais.

8º Une grande quantité d'échantillons de fonte se divisant en trois catégories, celle pour puddlage, pour acier et pour moulage.

9° Des échantillons de fers nerveux.

10° Un four à puddler rotatif grandeur d'exécution. Ce four est un dérivé du four Danks, les perfectionnements ont été apportés par les ingénieurs du Creusot.

Le tambour est à double parois, entre ces parois on établit une circulation d'eau de sorte que l'on peut y produire une chaleur énorme sans craindre de faire entrer en fusion les matières qui composent le revêtement du four.

Une nervure transversale fait que la charge se divise en deux parts, de telle façon que l'on peut obtenir deux lopins de 400 à 500 kilogrammes. Des dispositions mécaniques spéciales font que la marche est régulière : la force motrice est donnée par l'eau sous pression.

Deux fours de ce système fonctionnent aux usines du Creusot. En chargeant la fonte à l'état liquide, on peut obtenir vingt tonnes de fer par vingt-quatre heures.

Près de ce four sont exposés : un lopin tel qu'il est obtenu dans ce four, des lopins martelés et des cassures de fer puddlé brut produit également par cet appareil.

Ces cassures montrent que le fer est de bonne qualité; il paraît qu'il est pour ainsi dire exempt de phosphore, il est vrai qu'il est fabriqué avec des fontes en renfermant fort peu.

11° Des échantillons de fers supérieurs, des tôles, des pièces façonnées à chaud, sans soudure.

12° Des rails en acier de 17 mètres de longueur.

13° Des barres de fer de 8 à 17 mètres de longueur et de 220 à 250 millimètres d'épaisseur.

14° Un lingot d'acier produit par des fours *Siemens-Martin;* ce lingot pèse 120,000 kilogrammes. (C'était bien entendu un fac-simile.) L'acier Martin a été employé parce que ce procédé se prête bien plus facilement que le procédé Bessemer à la fabrication de grosses pièces, attendu qu'il est bien moins difficile de fondre simultanément dans plusieurs grands fours pour lesquels le soufflage est inutile, qu'en soufflant en même temps plusieurs appareils Bessemer.

15° Des échantillons de barres cornières et de tôles d'acier pour chaudières.

16° Des bandages dont le diamètre varie de 0,50 centimètres à 4 mètres.

17° Un arbre porte-hélice en acier fondu brut de forge.

Cette pièce a 18 mètres 400 de longueur sur 0,425 de diamètre et pèse 20,250 kilogrammes.

18° Une aquarelle représentant l'installation du marteau-pilon dont nous avons déjà parlé et dont le modèle forme portail.

Avec le fer, on ne peut produire de grosses masses que par l'addition de *mises;* avec l'acier, au contraire, on peut avoir une pièce énorme parfaitement homogène puisque l'on obtient la masse par la fusion.

Monsieur Krupp est le premier qui se soit servi d'un de ces gigantesques engins; il a employé un pilon de cinquante tonnes.

Monsieur Schneider a fait construire son

pilon de 80 tonnes dans la prévision d'augmentation dans les dimensions des plaques de blindage et des canons.

Ce pilon comprend quatre parties bien distinctes :

1° Les fondations.
2° Les jambages et l'entablement.
3° Le cylindre à vapeur avec les soupapes de distribution.
4° La masse active.

Les fondations se composent : d'un massif en maçonnerie au ciment (ce massif est appuyé sur une roche qu'on est allé trouver à 11 mètres de profondeur), d'une chabotte en fonte avec un revêtement en chêne pour donner de l'élasticité. Le cube de toute la maçonnerie est de 600 mètres.

La largeur entre les jambages est de 7^{m}500, la hauteur totale du marteau est de 18 mètres.

La distribution se fait au moyen de deux soupapes équilibrées.

La course du piston est de cinq mètres. Le diamètre du cylindre est de 1^{m}900 ; la surface sur laquelle agissent 5 atmosphères de vapeur a 27,345 centimètres carrés, moins la surface représentant la section de la tige, ce qui permet d'exercer sur le piston une pression de 140,000 kilogrammes ; comme le poids de la masse active est de 80,000 kilogrammes et que cette masse tombe, si l'on veut, de cinq mètres de hauteur, on peut obtenir un travail en partie utilisable de 400,000 kilogrammes.

La manœuvre des soupapes est faite au moyen de tringles disposées de telle façon que l'ouvrier qui manœuvre est placé derrière un jambage à l'abri de la chaleur énorme qui rayonne des pièces à forger.

En examinant l'installation représentée par l'aquarelle exposée, on voit que les pièces de forge sont préparées dans quatre fours munis chacun d'une grue qui exécute quatre mouvements : un de rotation, un d'ascension ou de descente, un de translation de la charge dans le sens de la longueur et un de rotation de la charge sur elle-même.

Il est facile de comprendre qu'avec ces mouvements, on peut aisément manœuvrer des pièces énormes. Une des quatre grues peut enlever une charge maximâ de 160,000 kilogr.

Les fours sont chauffés au gaz, les portes de ces appareils sont manœuvrées par un système hydraulique.

A ce pilon, se rattachent une foule d'outils accessoires ; enfin, la dépense totale s'élève à peu près à trois millions.

On voit que M. Schneider ne recule devant aucune dépense pour arriver au progrès.

On distinguait comme pièces de construction exposées :

1° L'appareil moteur du transport à hélice de la marine française *le Mytho* ; la force de ce moteur est de 2,640 chevaux. Ce navire doit faire le service entre Toulon et Saïgon.

Cette machine est du système vertical

Compound, autrement dit système à haute et à basse pression ; il y a trois cylindres, le cylindre central reçoit la vapeur à toute pression ; celle-ci se rend ensuite dans les cylindres extrêmes où elle agit par détente ou par condensation.

Les tiroirs sont mis en mouvement par un axe spécial sur lequel est également placé l'appareil de changement de marche.

Huit générateurs doivent alimenter ce moteur, ils seront timbrés à 4 atmosphères.

2° Deux aquarelles; l'une donnant les dimensions d'un moteur de 6,000 chevaux; l'autre d'un moteur de 8,000 chevaux, ce dernier est pour le vaisseau cuirassé « *le Foudroyant.* »

3° Un petit modèle d'un dock flottant en fer destiné au port de Saïgon, le poids total de ce dock est de 4,500,000 kilogrammes.

4° Une locomotive-tender à voyageurs dont le mouvement est en acier.

5° Une machine fixé à cylindres verticaux du système *Compound*; comme avantage principal dans cet appareil, nous avons remarqué que l'arbre moteur (la pièce la plus fatiguée dans une machine) se trouve dans la partie la plus basse, par conséquent dans celle qui offre le plus de stabilité.

Pour terminer notre examen, citons : le truck construit pour l'artillerie italienne; il est destiné à transporter des canons d'un poids pouvant aller à 120 tonnes.

Il se compose d'un pont reposant sur deux

bogies articulés au moyen de deux chevilles ouvrières. Ces bogies sont portés chacun sur trois paires de roues ; la suspension est spéciale.

La longueur totale de ce truck est de 21 m. 570.

Le truck exposé portait un modèle en bois d'un canon du poids de 100 tonnes.

COMPAGNIES DES FONDERIES, FORGES ET ACIÉRIES DE SAINT-ÉTIENNE.

Cette Compagnie date de l'année 1865, ses usines sont donc construites sur les derniers modèles ; aussi remarque-t-on l'espace libre laissé en prévision de l'avenir, l'aménagement spacieux et commode et les perfectionnements apportés aux différents appareils de fabrication.

L'établissement principal est à Saint-Etienne ; Izieux et Fourvoierie, ne sont que des annexes de ce dernier.

La force motrice employée s'élève à 3,500 chevaux environ ; le nombre d'ouvriers est de 1,500.

On fabrique spécialement à St-Etienne des plaques de blindage, des frettes à canon, des canons d'acier, des essieux, des roues montées, des tôles, des rails, des bandages. Cette usine possède un laminoir à tôles conduit par une puissante machine verticale qui permet de laminer dans la même journée des plaques de blindage de 33 centimètres d'épaisseur, pesant 18,000 kilogrammes et des tôles de 4 millimètres.

L'usine de la *Fourvoierie* fabrique des fers et des aciers, ses fours sont chauffés au gaz produit par la tourbe.

Izieux fournit des fers ébauchés et des tôles moyennes.

Les forges de Saint-Etienne sont renommées pour la bonne qualité de leurs grosses tôles. Ce sont elles qui ont fourni aux compagnies des chemins de fer de Lyon et de l'Est les tôles nécessaires aux foyers des magnifiques machines à grande vitesse exposées cette année par ces compagnies.

Ces tôles sont au bois et ont comme dimension 5,200 de longueur, 2,300 de largeur et 13 1/2 d'épaisseur.

Comme pièces remarquables exposées par la Société, on remarquait :

1° Une plaque de blindage de ceinture de 50 centimètres d'épaisseur.

2° Une plaque de blindage de pont de 5 centimètres d'épaisseur.

3° Un disque de tôle de 2,610 de diamètre sur 20 millimètres d'épaisseur.

4° Une feuille de tôle de 17 mètres de longueur, de 1,600 de largeur et de 16 millimètres et demi d'épaisseur.

5° Divers tubes pour canons.

6° Des frettes pour canons.

7° Une paire de roues montées type Ouest.

8° Des bandages et des pièces de forge.

La Société des forges de Saint-Etienne était mise hors concours, son directeur, M. Barrouin, faisait partie du jury de la classe 43.

Cette nomination de M. Barrouin suffit pour montrer l'importance reconnue de cette société.

JACOB HOLTZER ET Cᵉ

Aciéries et forges d'Unieux pres Firminy.

Ces établissements ont été fondés en 1829 par Monsieur Jacob Holtzer et sont restés depuis cette époque la propriété de la même famille.

C'est M. Holtzer qui a introduit en France la fabrication de l'acier puddlé.

MM. Holtzer et Cᵉ mettent surtout tous leurs soins dans la fabrication de l'acier au creuset de première qualité, et en cette matière ils sont les maîtres, aucun fabricant non seulement ne les surpasse, mais encore ne les atteint.

La fabrication de l'acier fondu a acquis chez ces messieurs une régularité parfaite, grâce au choix scrupuleux des matières premières, au personnel très-expérimenté et à la grande surveillauce.

La branche d'industrie dans laquelle les aciéries d'Unieux se distinguent et tiennent le haut du pavé, c'est la fabrication des faux et faucilles en acier fondu : quoique le prix de ces engins soit plus élevé chez MM. Holtzer qu'en Allemagne, en Autriche et en Italie, ces pays sont de gros acquéreurs en ce genre.

Les aciéries et forges d'Unieux occupent environ 800 ouvriers.

L'outillage se compose de :

30 machines à vapeur d'une force totale de 500 chevaux.

De 22 marteaux-pilons dont un de 14 tonnes et deux de 5 tonnes.

10 marteaux à cames.

5 trains de laminoirs.

7 fours à fondre de 24 creusets chacun. Ces fours sont chauffés au gaz.

12 fours à puddler.

10 fours à réchauffer.

10 fours doubles au gaz, pour le chauffage des lingots d'acier fondu et pour la fabrication des aciers corroyés.

12 fours à cémenter, 6 de 30 tonnes, 6 de 15.

Et enfin d'un four à chalumeaux au vent et au gaz pour le chauffage uniforme des pièces d'acier très-longues.

Messieurs Holtzer possèdent à Ria, dans les Pyrénées orientales des mines et des Hauts-Fourneaux.

Ce sont d'anciennes forges catalanes datant de 1825. En 1859 ces forges furent achetées en partie, et en 1871 en totalité par M. J. Holtzer, Dorian et Compagnie. Les forges à la catalane avaient disparu pour faire place à deux hauts-fourneaux.

Cette usine se compose actuellement de :

1º Trois hauts-fourneaux au charbon de bois produisant journellement ensemble de 36 à 42 tonnes de fonte fine.

2º Dix grands fours pour griller les minerais.

La force motrice se compose de 150 chevaux hydrauliques et 100 chevaux-vapeur comme secours.

Les produits de cette usine sont d'une qualité exceptionnelle; cette qualité provient : du soin qu'on apporte au trillage, au grillage et aux lavages répétés des minerais, de l'emploi de charbon de bois en toutes circonstances et de la régularité de marche des hauts-fourneaux. La fonte obtenue est manganésée, très douce et résistante, par conséquent propre à la fabrication des aciers fins.

La maison Holtzer produit annuellement :

1º 3,000,000 de kilogrammes d'acier fondu au creuset. Les aciers fins sont connus partout sous le nom d'acier à la cloche et au croissant; ce sont des aciers pour outils, qui sont exclusivement produits avec les premières qualités des fers de Suède, de Danemora.

2º 3,600,000 kilogrammes d'acier puddlé produit avec les fontes de Ria.

3º 1,000,000 de kilogrammes de fer également produit avec les fontes de Ria.

4º 600,000 kilogrammes d'acier corroyé marqué d'une ou plusieurs têtes de bœuf, suivant le nombre de corroyage.

5º 400,000 kilogrammes de pièces de forge, soit en fer, soit en acier fondu.

Une variété d'acier que fabrique la maison Holtzer depuis quelque temps, et sur laquelle nous appellerons l'attention de nos lecteurs, c'est l'*acier chromé* fondu au creuset.

Des essais qui ont été faits ont prouvé que le *chrome* allié au carbone dans certaines proportions donnait aux aciers une supériorité incontestable.

Les aciers chromés aussi résistants qu'un acier dur simplement carburé sont bien moins cassants que ce dernier. Pour faire les alliages, on se sert du bichromate de potasse ; les aciers chromés se solidifient à une température plus élevée que les autres, aussi faut-il une température plus élevée pour les fondre, inconvénient qui est d'autant plus difficile à éviter que les lingots à couler sont plus gros.

La maison Holtzer fait également sur demande des aciers au Tungstène. — Nous avons remarqué à l'exposition des produits de cette maison :

1° Des échantillons d'acier à la cloche et au croissant.

2° Des échantillons d'acier de qualité spéciale pour la fabrication des coins de monnaie, employés par la monnaie de Paris.

3° Une barre d'acier corroyé à quatre opérations de 300 millimètres sur 110, cette barre pèse 500 kilogrammes, sa cassure ne révèle aucune trace de soudage.

4° Plusieurs pièces de forges, telles que : arbres, bielles, trépans de sondage.

5° Une collection complète de l'outillage nécessaire au génie militaire.

6° Des échantillons d'acier chromé non-trempé.

7° Des échantillons d'aciers-chromés trempés à l'huile et recuits au rouge.

8° Des échantillons d'acier trempé non-recuit.

Ces échantillons sont des éprouvettes de 150 millimètres carrés de section. On est arrivé à dépasser dans les essais une charge de 140 kilogrammes par millimètre carré.

9° On remarquait enfin une collection de faux et de faucilles.

HAUTS-FOURNEAUX ET FONDERIES DE PONT-A-MOUSSON.

L'usine de Pont-à-Mousson tire son minerai de Marbache, où elle possède une concession.

L'usine est située près de la ville ; ses voies ferrées se raccordent avec le chemin de fer de l'Est, et elle est en communication avec le canal de la Moselle.

Cet établissement a été fondé en 1856 ; il possède quatre hauts-fourneaux réunis par une passerelle à laquelle on parvient par deux monte-charges.

Quatre machines soufflantes donnent le vent ; trois de ces machines sont verticales, du système Seraing, et une horizontale, du système Farcot.

Deux des hauts-fourneaux ont 14 m. 500 de hauteur et 4 mètres de diamètre intérieur au ventre, les deux autres ont 16 m. 700 ; ils produisent 40 à 45 tonnes par 24 heures, l'alimentation est au coke. Ces fournaux font des campagnes de sept à huit ans sans arrêt, ce qui est une grande preuve de régularité dans leur allure.

La force motrice se compose de 15 machines s'élevant à 570 chevaux.

Le nombre du personnel est de 1160 employés et ouvriers.

La production totale annuelle est de 6,000,000 de kilogrammes de fonte brute, 2,000,000 de kilogrammes de fonte moulée.

On extrait des mines de Marbache 137,418,800 kilogrammes.

Les ateliers fabriquent annuellement 350,000 mètres de tuyaux coulés verticalement de tous diamètres.

Nous avons remarqué dans l'exposition de cet établissement : un tuyau en fonte coulé verticalement, ce tuyau, destiné à l'alimentation du canal de l'Est, a 1 mètre de diamètre et 4 mètres de longueur.

Différents échantillons de tuyaux en fonte de différents diamètres.

Un bâti de machine.

Des échantillons de fonte brute et de minerai.

SOCIÉTÉ ANONYME DES HAUTS-FOURNEAUX DE MAUBEUGE.

Ces établissements ont été fondés en 1837 par MM. Hamoir et Cᵉ, ils sont situés sur les

bords de la Sambre et comprennent une surface de 22 hectares.

Les usines consistent en :

1° Deux hauts-fourneaux au coke produisant
chacun de 75 à 80 tonnes par jour.

2° Quatre fourneaux pour la seconde fusion.

3° Soixante deux fours à puddler et à chauffer.

La force motrice s'élève à 1200 chevaux; le
personnel employé se compose de 1500 ouvriers
et soixante employés.

Les usines de Maubeuge produisent annuellement :

55,000 tonnes de fonte brute ;

35,000 tonnes de fer ;

5,000 tonnes de fonte moulée ;

2,000 tonnes de fer et fonte ajustés.

La société des Hauts-Fourneaux de Maubeuge est arrivé à livrer ses produits à des
prix très-modérés; elle a atteint ce but en
apportant dans sa fabrication tous les progrès
qui permettent de réaliser une économie, tels
que : emploi des gaz perdus, de l'air chaud,
accroissement des forces motrices, des souffleries et des dimensions des HautsFourneaux.

Le travail se fait à la tâche et les employés
participent dans les bénéfices, ce qui assure de
leur part une meilleure et plus forte production.

La Société de Maubeuge exposait :

1° Des échantillons de minerais ;

2° Des échantillons de fonte brute et moulée ;

3° Des échantillons de fers et de rails ;

4° Une plaque tournante pour la Compagnie de Paris-Lyon-Méditerrannée ;

5° Une grue hydraulique ;

6° Une grue roulante d'un système nouveau. Le contre-poids de cette grue est disposé de telle façon qu'il se place de lui-même au point utile pour la tenir constamment en équilibre. La Société de Maubeuge a fourni pour la construction de l'Exposition cinq mille tonnes de fer spéciaux.

USINES D'ALLEVARD

L'usine d'Allevard, située en pleine montagne dans une position magnifique, sur un cours d'eau qui s'échappe d'un glacier, est une des plus anciennes usines de France. On trouve en quantité sur les montagnes voisines des amas de scories qui prouvent l'antique renommée des minerais de cette contrée, Allevard doit être le berceau de la sidérurgie dans l'Occident.

En 1786, l'usine d'Allevard avait déjà une réputation, elle alimentait de ses fontes la fonderie royale de Saint-Gervais où se fondaient les canons de marine.

Ce sont les mines d'Allevard qui fournissent les minerais nécessaires à la fabrication des plaques de blindage. Nous avons vu, du reste, que le Creusot était propriétaire d'une de ces mines. Le minerai d'Allevard est le fer *carbo-*

naté spathique ; il gît en puissants filons dans les schistes talqueux. Ce minerai est pur de phosphore ; son rendement en fer est de 37 à 40 pour cent.

Le minerai, au sortir de la mine, est grillé afin d'en extraire l'acide carbonique et l'eau ; il est ainsi transformé en oxyde de fer attirable à l'aimant.

Le traitement de ce minerai aux hauts fourneaux d'Allevard est l'objet de soins constants. Le vent est chauffé aux fours Withwel, et, pour éviter l'encrassement ; les gaz, à la sortie du gueulard sont très-purifiés, de sorte que l'on peut faire fonctionner les fours pendant cinq mois sans aucun nettoyage.

On utilise les laitiers en les pulvérisant en sable, pulvérisation qui s'obtient en les faisant tomber dans l'eau à leur sortie de l'ouvrage.

Daus la fabrication de l'acier fondu au four Siémens-Martin, l'usine d'Allevard n'emploie que des matières premières bien pures ; cet emploi a maintenu la supériorité des aciers à ressorts d'Allevard.

Cet établissement exposait divers échantillons de sa fabrication, des aciers doux, demi-doux et durs, plusieurs de ces échantillons avaient subi des essais et leur cassure nous montre la texture microscopique de l'acier le plus dur tel que celui pour aimants et la texture à grains nerveux de l'acier doux.

On remarquait également des bandages et pièces diverses, des outils aratoires tels que : pelles, versoirs de charrue..., etc.

FORGES ET ACIÉRIES DE LA CHALÉASSIÈRES
MAISON BIETRIX ET Cᵉ.

Cette usine est devenue très-importante depuis 1866 ; elle se compose de fours à puddler, fours Siemens Martin, pilons, trains de laminoirs pour bandages, grosse et petite tôles, etc...

Les forges de la Chaléassières ont déjà fourni à l'Etat plus de 220 tubes de 100^{mm} pour la marine et de 190 et 90^{mm} pour l'artillerie de terre.

MM. V. Bietrix et Cᵉ ont apporté à la fabrication de l'acier un perfectionnement très-important, ils produisent des aciers sans soufflures en faisant arriver sur la surface du bain dans les creusets, de la vapeur à la pression de 5 à 7 atmosphères. L'emploi du piston solide pour obtenir cette pression, avait l'inconvénient de figer la surface du métal de sorte que la transmission de la pression au centre de l'acier était impossible.

On remarquait à l'exposition de MM. Bietrix et Cᵉ :

1° Un pignon en acier moulé.

2° Des échantillons d'acier laminé.

3° Un tube en acier Martin, pour canon de 190.

4° Des tôles ambouties.

5° Des bandages.

6° Un essieu de wagon.

7° Des cassures d'acier naturel (bandages de machine en acier Martin).

8° Deux fusées d'essieux en fer.

9° Une tôle en acier Martin de 8 mètres de longueur, 2 mètres de largeur et 10 millimètres d'épaisseur.

SOCIÉTÉ DES FORGES, FONDERIES ET HAUTS-FOURNEAUX DE MESSEMPRÉ-CARIGNAN, MARGUT ET DÉPENDANCES. — MAISON BOUTMY ET Cᵉ.

Ces usines ont été fondées en 1812, par M. Devillez-Bodson, fabricant de pièces de forges à Bazeilles.

Lors de leur installation, ces usines étaient de fort peu d'importance, le travail se faisait uniquement au charbon de bois, ce ne fut qu'en 1820 que quelques fours d'affinage marchèrent à la houille. Depuis cette époque, le travail à la houille a été développé progressivement. Jusqu'en 1860, les moteurs étaient hydrauliques et les variations de niveau dans les cours d'eau causaient bien souvent des arrêts.

A partir de cette année, cet établissement transforma complétement ses moteurs et il est pourvu maintenant de puissantes machines à vapeur. Le charbon de bois a fait complétement place à la houille, sauf en quelques rares exceptions pour la fabrication de pièces spéciales.

Les usines de MM. Boutmy et Cᵉ, qui, en 1846, ne produisaient annuellement que 4,400,000 kilogrammes environ, produisent actuellement

15,450,000 kilogrammes; cette production s'est donc presque quadruplée.

Ces établissements se divisent en trois groupes :

1° La fonderie de Margut ;

2° Les forges de Messempré et Osmes ;

3° Les laminoirs de Longchamps, la Fenderie et Carignan.

Toutes ces usines sont dans l'arrondissement de Sedan (Ardennes).

Les forces motrices se composent de 10 machines à vapeur d'une force totale de 450 chevaux et de divers engins hydrauliques de la force de 120 chevaux.

La fonderie de Margut possède :

1° Trois cubilots pour seconde fusion, pouvant fournir par jour une production de 80 tonnes de fonte de seconde fusion ;

2° Quatre grandes grues de fonderie ;

3° Huit tours de différentes forces ;

4° Trois machines à raboter ;

5° Vingt machines à percer et à tarauder ;

6° Un atelier pour la construction des modèles.

Les forges de Messempré comprennent :

1° Deux marteaux pilons à vapeur ;

2° Deux trains ébaucheurs à fers bruts ;

3° Un train produisant des fers et verges pour clous forgés et ferronnerie ;

4° Deux trains de tôlerie ;

5° Trois feux d'affinerie au charbon de bois ;

6° Douze fours à puddler ;

7° Six fours à réchauffer ;

8° Sept fours dormants pour la fabrication des tôles ;

9° Dix-sept fours à recuire les tôles en vase clos.

Les laminoirs à tôles de Longchamps, La Fenderie et Carignan comprennent :

1° Huit tables de cylindres ;
2° Vingt et un fours dormants.

En outre, la Société possède un atelier pour faire toutes les réparations.

MM. Boutmy et Ce exposaient différentes pièces provenant de leur fabrication, dans la classe 64, ces pièces étant des échantillons de fournitures pour chemins de fer, tels que : Faux tampons, boîtes à graisse, etc.

Dans la classe 43, leur exposition consistait en échantillons de tôles diverses, de fonte de seconde fusion, et de pièces moulées pour le commerce.

Les tôles exposées étaient très-remarquables et prouvaient tous les soins apportés à la fabrication par MM. Boutmy et Ce. Les Compagnies de chemins de fer et les constructeurs de wagons recherchent beaucoup les tôles de cet établissement, car pour la construction des panneaux de voiture, il suffit de leur faire subir un faible dressage.

Le nombre d'ouvriers employés dans les usines s'élève à 780.

FORGES D'EURVILLE PRÈS SAINT-DIZIER
(HAUTE-MARNE).

Les usines d'Eurville occupent environ 1,200 ouvriers et employés et fabriquent spécialement des petits fers de bonne qualité.

Ces usines consistent en quatre hauts-fourneaux à Eurville et deux à Thonnance lès-Joinville, vingt fours à puddler à Eurville, six fours à réchauffer, quatre trains de laminoirs et soixante bobines de tréfillerie. La force motrice s'élève à 1,000 chevaux et est donnée par des machines à vapeur et des appareils hydrauliques.

Les forges d'Eurville sont les fournisseurs de la maison Joseph Maré et Gerard frères de Braux.

Cette maison est une des plus importantes fabriques de boulons de France et est renommée pour la bonne qualité de ses produits; c'est là la meilleure recommandation que l'on puisse faire sur les fers provenant d'Eurville.

Les usines d'Eurville avaient exposé des échantillons de fers laminés, on remarquait des épreuves de pliage sur des fers déjà durcis par le tréfilage, des épreuves de torsions à outrance sur des fers de même qualité qui ont résisté à cinquante-deux torsions sur une longueur de trente-cinq centimètres. Les cassures de fer bruts à grains et à nerf permettaient de se rendre compte des deux genres bien distincs de fers supérieurs que l'on fabrique à Eurville.

On remarquait également des pièces de fils de fer sans soudure d'une longueur exceptionnelle ; celle de 2 millimètres avait près de cinq kilomètres de longueur.

FORGES DE CHAMPAGNE A SAINT-DIZIER MARNAVAL, RACHECOURT ET DONJEUX.

Les usines de Marnaval ne datent que de 1870 ; elles ont été construites par M. Royer-Houzelot. Depuis le 1er juillet, elles appartiennent à la Société anonyme des forges de Marnaval, le 1er septembre 1876 cette Société a fusionné avec celle des forges de Champagne.

Marnaval est situé sur la Marne entre le canal de la Haute-Marne et la route nationale de St-Dizier à Lauzanne.

Cette usine se compose de :

1° Deux hauts-fournaux construits ur l'emplacement d'une ancienne forge d i la création remonte à l'an 1603.

Ces deux hauts fourneaux sont munis d'un monte-charges à vapeur, d'appareils à air chaud, de deux machines soufflantes de cinquante chevaux chacune et de quatre chaudières à vapeur.

2° Un lavoir à mine mû par une roue Poncelet de la force de vingt chevaux ;

3° Un four à recuire les fers, alimenté par les gaz des hauts-fourneaux.

Ces hauts fourneaux produisent environ 25 tonnes de *fonte manganésée* par jour. Ces fontes sont dites spéculaires ou rubanées et renferment de 6 à 10 0/0 de manganèse.

4° 12 fours à puddler simples et 8 fours à puddler doubles.

5° Deux trains pour fers bruts;

6° Quatre marteaux pilons;

7° Une presse;

8° Huit fours à réchauffer;

9° Quatre trains de laminoirs pour fers marchands.

10° Trois trains pour divers.

11° Cinq cisailles et une scie.

12° 17 chaudières dont 10 verticales, 6 horizontales et une tubulaire.

13° Trois machines à vapeur système Farcot d'une force totale de 350 chevaux.

14° Trois turbines d'une force totale de 100 chevaux.

15° Un atelier de réparation et divers bâtiments tels que : hangars, magasins, etc.

Un chemin de fer à grande section relie les usines au chemin de fer de l'Est.

Le personnel occupé est d'environ 700 ouvriers et employés.

La production annuelle s'élève environ à :

2,700 tonnes de fer brut.

1,980 tonnes de fer marchand.

Les usines de Rachecourt-sur-Marne ont été créées en 1846 par MM. Jacquot et Colas;

elles sont construites sur la Marne, à proxmité du canal de la Haute-Marne et du chemin de fer de Blesmes à Chaumont auxquels les relie un chemin de fer particulier.

Elles se composent :

1° D'un haut-fourneau, muni d'un appareil à air chaud, d'une soufflerie actionnée par une roue hydraulique de 15 chevaux et par une machine à vapeur de 15 chevaux également.

2° Un lavoir à mine.

3° Dix fours à puddler.

4° Six fours à réchauffer.

5° Un marteau pilon et une presse à double effet.

6° Cinq trains de laminoirs.

7° Cisailles, scies, etc.

8° Deux turbines d'une force de 80 chevaux, quatre machines à vapeur d'une force totale de 253 chevaux et une locomobile de 45 chevaux.

Le nombre d'ouvriers occupés s'élève environ à 500 personnes.

Ces usines produisent annuellement :

9,125 tonnes de fer brut ;
16,425 tonnes de fer marchand.

La forge de Donjeux a été créée en 1860 par la société Bonnor et Cᵉ; en 1873, elle devint la propriété de la société des forges de Champagne.

Cette usine est renommée pour la production de son fer feuillard.

Elle se compose d'un train feuillard, de deux fours à réchauffer, d'une pompe, d'une cisaille, d'un ventilateu·

Un atelier de réparation lui est adjoint.

Le personnel employé s'élève à 50 ouvriers.

La production annuelle est de 3,000 tonnes de fer feuillard.

Comme nous venons de le voir, la société des forges de Champagne est très-importante. Son exposition, par son exiguité, ne répondait nullement à son importance, elle n'occupait, dans la classe 43, que huit mètres superficiels.

On remarquait :

1º Différents échantillons de barres, fers double T, moulures, mains courantes fers triangulaires, etc., tous ces échantillons avaient subi des essais.

2º Une chaîne avec rond de 59 millimètres avait subi un essai d'étirage et ne s'était brisée qu'à la charge de 147,000 kilogrammes.

Ces essais avaient été faits par lamarine aux forges nationales de la Chaussade.

3º Des bottes de fers feuillards ;

4º Des bottes de fils de fer ;

5º Des *ébauches* obtenues par des procédés de laminage pour lesquels la Société est brevetée.

6º Des chaînes fabriquées par MM. *Dubois* et *Lesquivin*, de Saint-Dizier, avec du fer des forges de Champagne.

On remarquait également différents échantillons de minerais employés par la Société. Pour terminer, citons : une pièce machine à grain fin, laminée en une seule longueur, du poids de 95 kilogrammes, une pièce feuillard de 252 millimètres de largeur sur 22/10 d'épaisseur.

USINE DE LA BÉRARDIÈRE, PRÈS SAINT-ÉTIENNE.

La société Bedel père et C° a été fondée en 1861, sa fabrication comprend :

1° Les aciers fondus au creuset.
2° Les aciers corroyés.
3° Les aciers puddlés.

MM. Bedel emploient des matières premières de qualité supérieure, des fontes au bois de provenance française et suédoise.

Les manufactures d'armes de l'Etat sont les principaux acquéreurs des produits de cette maison.

L'usine de la Bérardière se compose de sept marteaux pilons, trois marteaux d'étirage mus par roues hydrauliques, deux marteaux d'étirage mus par une machine à vapeur de 50 chevaux, deux trains de laminoirs, deux grands fours Siemens, six fours au coke.

La force motrice est constituée par :

Deux roues hydrauliques de la force de 30 chevaux.

Dix machines à vapeur d'une force totale de 345 chevaux.

La Société occupe environ 200 ouvriers et

produit annuellement 1,200,000 kilogrammes d'aciers en barre.

La Société vient d'acquérir les forges et aciéries de Bèze et Rome (Côte-d'Or), qui sont en voie de transformation.

On remarquait à l'exposition de MM. Bedel : des échantillons divers d'acier en barres et brut, un gros bloc de 21 centimètres carrés ; ce bloc était en acier corroyé et ne présentait, malgré ses fortes dimensions, aucune trace de soudure.

SOCIÉTÉ ANONYME DES ACIÉRIES ET FORGES DE FIRMINY.

La Société anonyme des aciéries de Firminy a été créée en 1854 ; elle a bientôt pris rang parmi les établissements les plus importants de France. Sa fabricationde ressorts a pris une extension considérable et elle a livré jusqu'à ce jour aux Compagnies de chemins de fer au moins huit cent mille ressorts. C'est l'usine de Firminy qui fut la première, après celle de Sireuil, à employer le procédé *Siemens-Martin*. Pour le puddlage on emploie dans cette usine le système mécanique de M. Ad. Espinasse.

Un haut-fourneau a été installé, il y a quelques années. Il présente toutes les améliorations possibles dans les appareils nécessaires à la fabrication de la fonte brute, il est à poitrine ouverte, à simple chemise réfractaire cerclée et monté sur colonnes. Les matières sont amenées au gueulard au moyen d'un monte-charges à vapeur.

La machine soufflante du système Farcot, est horizontale et a 250 chevaux de force, les générateurs sont chauffés au moyen du gaz perdu du haut-fourneau. Grâce au premier choix des matiéres premières on est arrivé à faire produire à ce haut fourneau de grandes quantités de fonte de bonne qualité ; sa production par 24 h. est de 75 tonnes de fontes fines.

80 t. de fontes ordinaires.

60 t. de spiegel eisen.

70 t. de fontes pour moulage.

Citons parmi les minerais employés, ceux de Mokta-el-Hadid, de Ria, de l'Ariége et de l'Espagne.

La production annuelle de ces établissements est environ de 12,000 tonnes.

La Société des forges et aciéries de Firminy exposait différents échantillons de sa fabrication parmi lesquels nous avons remarqué :

1° Des cassures d'acier en barre, d'essieux, de rails, des échantillons de *produit mixte*. Ce *produit mixte* a été inventé par M. Verdié, le fondateur des usines ; on obtient ce produit en coulant de l'acier sur du fer chauffé à blanc, la soudure est complète quelle que soit la dureté de l'acier, le lingot mixte se travaille ensuite comme un seul métal.

La cassure de ce produit est très-curieuse à étudier, la teinte grise de l'acier, plus foncée que celle du fer se fond parfaitement avec cette dernière, ce qui prouve que la surface du fer s'est carburée au contact de l'acier liquide en enlevant à ce dernier dans les parties avoisinant le fer, une certaine quantité de carbone.

2° Un lingot en acier fondu de 1,500 kilogrammes, comprimé à la presse hydraulique sous une pression de 750 atmosphères; ce lingot était cassé par le milieu, ce qui permettait de reconnaître l'homogénéité du métal et la disparition presque totale des soufflures.

Deux boules, une d'acier puddlé de 330 kilog. et une de fer puddlé de 360 kilog. Ces boules sorties d'une seule pièce d'un four à puddler ordinaire avaient subi quatre martelages, deux au pilon cingleur et deux au pilon de forges.

4° Des essieux, des rails, des bandages et diverses pièces pour les chemins de fer.

5° Des pièces en acier moulé.

6° Des ressorts de carosserie pour voitures légères.

7° Des ressorts de chemins de fer.

8° Un canon de 155 millimètres, brut de forge, en acier fondu.

USINES DE DIEULOUARD, GOUVY FRÈRES ET Cᵉ.

Cette maison a été fondée en 1752 par M. P. Gouvy, à Goffontaine, située alors dans le duché de Nassau-Saarbrück. Goffontaine fit partie de la France sous le premier Empire.

En 1850, une nouvelle usine fut créée par

MM. Gouvy, à Hombourg (Moselle). En 1873 ils créèrent une autre usine à Dieulouard, Hombourg ayant été cédé à l'Allemagne en 1871.

Le lecteur verra avec plaisir la persistance de la famille Gouvy à rester française, on ne saurait trop louer, soit dit en passant, ce patriotisme, surtout en songeant que des plus puissantes maisons industrielles, des plus riches, n'ont pas cru devoir le faire, ce qui a été fâcheux du reste non-seulement pour leur considération, mais encore pour leur intérêt.

L'usine de Dieulouard se compose de 4 fours à puddler, deux fours à réchauffer, 14 feux de forge, un cubilot, 3 marteaux-pilons, 2 trains de laminoirs, deux machines à vapeur d'une force totale de 125 chevaux, etc., etc.

Le nombre d'ouvriers employés est de 205.

La production annuelle s'élève environ à 1,100 tonnes se répartissant ainsi :

250 tonnes socs, versoirs en acier.
250   —   pelles et bêches en acier.
 60   —   aciers puddlés au bois.
150   —   aciers pour socs et pour ressorts.
100   —   aciers puddlés raffinés.
  2   —   ressorts de chemin de fer.
 60   —   ressorts de carrosserie.
 30   —   tôle d'acier.
100   —   aciers divers et pièces façonnées.

L'exposition de MM. Gouvy comportait des échantillons d'acier, de tôles et d'instruments aratoires.

SOCIÉTÉ DE VEZIN-AULNOYE PRÈS MAUBEUGE.

La Société de Vezin-Aulnoye, fondée en 1858, possède quatre usines :

1° Les hauts-fourneaux d'Aulnoye-lez-Berlaimont.

2° Les hauts-fourneaux de Maxeville, construits en 1865.

3° Les forges et laminoirs du Tilleul à Maubeuge.

4° Les forges et laminoirs de Saint-Marcel à Hautmont.

Les trois haut-fourneaux en activité consomment actuellement :

160,000,000 de kilogrammes de minerais ;
65,000,000 de kilogrammes de coke.

La société se sert de minerais d'origine française de Meurthe-et-Moselle et de la Haute-Marne, de minerais étrangers provenant d'Espagne, d'Algérie et du grand-duché de Luxembourg.

Les hauts-fourneaux produisent annuellement environ 60 millions de kilogrammes de fonte.

Les laminoirs donnent environ 40 millions de kilogrammes de fer.

L'usine de Saint-Marcel fabrique les rails et les fers marchands.

L'usine du Tilleul, les rails et les fers spéciaux.

La force motrice s'élève à 2,964 chevaux-vapeur.

Le personnel se compose de 2,026 ouvriers.

L'exposition de cette Société était bien aménagée, on y remarquait des échantillons de fer à T larges ailes, des fers en U, des fers à T ordinaires pour plancher, des cornières, des rails et une collection de cassures de fers marchands.

SOCIÉTÉ ANONYME DES HAUTS-FOURNEAUX ET FONDERIE DE MARQUISE.

Cette Société possède de vastes ateliers à Marquise créés en 1837. Ils se composent de cinq hauts-fourneaux, de nombreux cubilots pour deuxième fusion, de vastes ateliers de moulage, de fabrications spéciales pour tuyaux, obus, etc.

La Société est propriétaire, en outre, de l'usine de Saint-Nicolas-de-Redon dans la Loire-Inférieure.

Elle possède d'importantes concessions de minerais dans le Pas-de-Calais, la Loire-Inférieure, l'Ile-et-Vilaine, la Meurthe-et-Moselle.

La production annuelle s'élève à 35,000 tonnes de fontes moulées.

4,000 tonnes de fontes brutes.

Marquise avait livré, pour le service de l'Exposition, 3,300 tonnes de tuyaux et 1,800 tonnes de fontes pour la construction.

L'exposition de cette Société dans la classe 43 était très-restreinte et peu en rapport avec son importance.

On y remarquait des valves à vis, des têtes de cornues, etc., et une foule de pièces pour la fabrication du gaz, des colonnes, des tuyaux, etc.

Dans la classe 64, partie annexe du Trocadèro, la Société exposait :

1° Une plaque tournante de 4^{m}200 de diamètre, pesant 9,500 kilogrammes environ, cette plaque était du modèle du chemin de fer du Nord.

2° Une plaque tournante (modèle P. L. M.) de 4^{m}400 de diamètre pesant 10,500 kilogrammes.

3° Un signal de gare.

4° Une grue roulante, munie d'un frein spécial.

La Société des Forges de Marquise exposait également dans la classe 56 une machine à vapeur de la force de cent chevaux ; cette machine était du système Fourlinnie.

ÉTABLISSEMENT DUPONT ET FOULD, A MARBACHE
(Meurthe-et-Moselle).

Ces établissements ont été fondés en 1871, après la guerre. L'Exposition nous montrait les modèles de ces usines :

1º Le modèle de la forge avec 36 fours à puddler, 18 chaudières verticales chauffées par les gaz perdus, 4 marteaux pilons et plusieurs trains de laminoir.

2º Le modèle du groupe des deux hauts-fourneaux de Pompey, près Marbache ; l'un de ces deux fourneaux était coupé par le milieu dans sa longueur et montrait ainsi les dispositions intérieures ; les fours à vent chaud sont du système Withwell, les machines soufflantes sont verticales, les gaz des hauts-fourneaux alimentent les fours à vent et les chaudières des monte-charges à vapeur.

3º Le modèle de l'atelier de réchaufferie, avec neuf fours à réchauffer et plusieurs laminoirs à tôle.

4º Le modèle des bureaux et celui d'une habitation d'ouvriers.

Comme produits exposés, on remarquait :

1º Une tôle de 40 mètres 200 de longueur, 500 millimètres de largeur 8 $^{m}/_{m}$ d'épaisseur.

2º Une tôle de 19 mètres de longueur, 1 mètre 120 de largeur et 8 millimètres d'épaisseur.

Ces deux tôles enroulées avec goût formaient double portique en décrivant des arabesques.

3º Des échantillons de fonte et de minerais.

ÉTABLISSEMENTS DE VALSUZENAY A FROUCLE, CANTON DE VIGNORY (HAUTE-MARNE).

Monsieur de Valsuzenay se sert pour obtenir

sa fonte de seconde fusion, de fontes provenant de Meurthe-et-Moselle, de Champage, de Franche-Comté, de Suède et d'Allemagne.

Nous avons remarqué dans son exposition :

1° Une série d'échantillons des fers ébauchés et corroyés. Ces échantillons représentent les dix qualités que l'on fabrique dans ses usines.

2° Une tôle de 2,600 de longueur sur 1,400 de largeur et seulement trois dixièmes de milli-mètre d'épaisseur ; cette tôle était très-remar-quable et méritait l'attention des visiteurs, car on a déjà beaucoup de peine à obtenir dans ces dimensions des épaisseurs de deux ou trois millimètres.

3° Une tôle de 10 mètres 500 de longueur et un millimètre et demi d'épaisseur était également très-remarquable.

4° Des caisses en tôle soudée; ces caisses, d'un nouveau système breveté, sont destinées à recuire les métaux.

M. de Valsuzenay est l'inventeur d'une chau-dière qu'il exposait dans la classe 54 ; cette chaudière est très-curieuse, car elle tient peu de place, est économique en combustible, et malgré son volume restreint, a une grande puissance de vaporisation.

Elle est brevetée en France et à l'étranger.

SOCIÉTÉ ANONYME DES MINES ET USINES DU NORD ET DE L'EST DE LA FRANCE.

Cette Société possède : 1° à Jarville près Nancy, deux hauts-fourneaux de grandes dimensions. Ils sont situés à proximité du canal de la Marne au Rhin et du chemin de fer de Paris à Strasbourg, auquel ils sont reliés par un chemin à grande section.

Ces hauts-fourneaux sont alimentés par les minerais de Meurthe-et-Moselle ; leur production annuelle est de 50,000 tonnes environ.

2° A Trith-St-Léger, sur l'Escaut, un laminoir produisant annuellement environ 15,000 tonnes de fers profilés, rails de mines et de tramways, éclisses, cornières, fers feuillards, fers ronds, plats et carrés.

3° Un second laminoir également situé sur l'Escaut, près Valenciennes, et relié au chemin de fer de Valenciennes à Aulnoye.

Dans cette usine, on fabrique des fers à plancher de 80 à 300 millimètres, ailes ordinaires et ailes de grande largeur, longrines rails de chemin de fer de 5 à 35 kilogrammes, éclisses, fers marchands et fers feuillards.

Une fonderie de fer et de cuivre est installée pour les besoins de l'usine.

Les laminoirs sont alimentés par les fontes provenant de Jarville.

Cette Société exposait des échantillons de fer de toute section, des cassures de rails, des fers fendus et feuillards ainsi que des pièces de fonderies.

SOCIÉTÉ ANONYME DES FORGES DE MONTATAIRE.

Cette Société possède trois établissements, qui sont :

Usine de Montataire ;
Usine de Frouard ;
Usine d'Outreau.

De ces trois établissements, Montataire est le plus important.

Les usines de Montataire ont été fondées en 1810; depuis cette époque, elles ont pris une grande extension ; elles occupent en France le premier rang comme importance au point de vue de la fabrication du fer blanc et des tôles de toute sorte; c'est à Montataire qu'a été importé en France la méthode de fabrication anglaise du fer blanc.

Elle se composent :

1° De quatre fours à puddler simples.
2° Vingt fours à puddler doubles.
3° Six feux d'affinerie.
4° Vingt-quatre fours à réchauffer.
5° Vingt fours dormant à recuire.
6° Cinq trains de laminoir à fer.
7° Sept trains de laminoir à tôle.
8° Un train vertical ou laminoir universel.
9° Cinq trains à fer blanc.

10° Douze chantiers d'étamage ; de plombage et de galvanisation.

11° Une fonderie de deuxième fusion avec trois cubilots.

12° Un atelier de construction.

13° Quatre chantiers d'ardoises métalliques.

La force motrice est donnée par une turbine, une roue hydraulique, et onze machines à vapeur formant une force totale de 1800 chevaux.

La production annuelle s'élève à 32,200 tonnes, réparties ainsi :

18,700 tonnes de fers marchands.
9,100 tonnes de tôles.
3,500 tonnes de fer blanc et tôle étamée.
900 tonnes d'ardoises métalliques.

Le personnel employé à Montataire s'élève à 2,000 ouvriers.

L'usine de Frouard est placée dans la vallée de la Meurthe, à proximité des concessions de minerai de fer oolithique de Frouard et de Bouxières-aux-Dames qui appartiennent à la Société : l'usine et les mines sont reliées au canal de la Marne au Rhin et au chemin de fer de Paris à Avricourt.

Elle se compose de trois hauts-fourneaux de 15 mètres 500 de hauteur et de 2 mètres 800 de diamètre au gueulard, d'appareils à air chaud, de quatre machines soufflantes, d'un monte-charge hydraulique du système Armstrong. Une machine à vapeur fait mouvoir les pompes alimentaires de l'accumulateur.

Ces fourneaux produisent de la fonte d'affinage de qualité ordinaire.

Le minerai provenant de la mine de Frouard donne 32 pour cent de fer et celui de la mine de *Bouxières - aux - Dames* 33 pour cent; on n'ajoute aucun calcaire ; ces minerais en contenant en excès.

Le personnel employé s'élève à 800 ouvriers. La production est annuellement de 55,000 tonnes de fonte.

On extrait des mines 168,000 tonnes de minerai par an.

L'usine d'Outreau comporte trois hauts-fourneaux et consomme des minerais du Boulonnais dont le rendement égale 52 pour cent de fer. La production annuelle s'élève à 37,300 tonnes. Les mines donnent 84,000 tonnes de minerai.

Le nombre d'ouvriers employés est de 700.

La Société de Montataire exposait dans la classe 43, salle Nᵒ 1 :

1ᵒ Des échantillons de minerai du Boulonnais, de Bilbao (Espagne).

Des échantillons de fontes brutes provenant des hauts fourneaux d'Outreau.

Des échantillons de fonte blanche, de fonte spiegel, de fonte grise, très-résistante et très-pure pouvant servir à la fabrication de l'acier Martin.

Des échantillons de minerais de fer oolithiques de la Meurthe.

2ᵒ Une tôle de 2ᵐ300 de diamètre, d'une épaisseur de 14 millimètres et pesant 485 kilogrammes.

Une feuille de tôle puddlée galvanisée de 10 mètres de longueur, 1 mètre 45 de largeur et 12 millimètres d'épaisseur.

3° Des tôtes fines galvanisées.

4° Des tôles ondulées, galvanisées pour toitures.

5° Des tôles plombées pour conduites de gaz.

6° Des tôles étamées.

7° Du fer blanc.

8° Des tôles fines puddlées.

9° Des tôles décapées.

10° Des échantillons nombreux de fers marchands et spéciaux de toutes formes et de toutes qualités.

11° Un pignon, un cylindre à vapeur, un engrenage en fonte moulée.

12° Des échantillons de fer à grain fin pour bandages.

13° Des cristaux de sulfate de fer d'une excellente qualité.

14° Des ardoises métalliques dont Montataire a la spécialité.

SOCIÉTÉ MÉTALLURGIQUE DE GORCY ET MONT SAINT-MARTIN.

L'usine de Gorcy créée en 1834 et l'usine de Mont-Saint-Martin en 1863 sont administrées par M. J. Labbé.

L'usine de Gorcy consomme le minerai

oolithique qu'elle extrait des côtes avoisinantes et des minerais provenant d'Audun et d'Aumetz.

L'usine de Mont-St-Martin exploite et consomme la minette oolithique des concessions voisines.

Ce sont ces usines qui ont employé les premières les minettes du bassin de Longwy.

Ces usines consistent en :

5 hauts-fourneaux avec 14 appareils à air Cooper-Siemens.

24 fours à puddler.

2 feux d'affinerie.

4 fours à réchauffer.

2 trains de laminoirs pour puddlage.

4 marteaux-pilons.

4 trains de laminoirs divers.

1 tréfilerie.

1 atelier de fabrication de petit matériel de chemin de fer.

1 pointerie.

Une chaînerie.

Des ateliers de construction et une fonderie composée de trois cubilots avec sablerie.

La production annuelle s'élève à :

66,000 tonnes de fontes d'affinage et de moulage.

17,000 tonnes de fer laminés et ouvrés.

Le nombre des ouvriers occupés est de 1550.

Il y a 31 machines à vapeur ayant une puissance de 1250 chevaux.

L'exposition de cette maison était très-intéressante ; on y remarquait des échantillons de minette et de minerai de fer d'Aumetz et d'Audun, des échantillons de fonte d'affinage à grains très-fins ; ces fontes sont d'un gris foncé et d'un aspect aciéreux ; des échantillons de fonte manganésée, des échantillons de fers bruts, fers nerveux et cristallins, fers corroyés.

SOCIÉTÉ ANONYME DES ACIÉRIES DU SAUT-DU-TARN.

Cet établissement, placé sur les bords du Tarn, fut créé, en 1828, par MM. Garrigou, Massenet et Cᵉ ; on a utilisé la chute, ce qui donne une force utilisable de plus de 2,500 chevaux. Comme matières premières, cette usine emploie les fontes du Périgord.

Le nombre d'ouvriers employés s'élève à 400.

Le matériel de l'usine se compose de :

Une fonderie à creusets avec deux fours Siemens.

De trois fours à puddler dont deux sont munis d'un appareil mécanique pour le brassage. Cet appareil est du système Espinasse.

D'un marteau-pilon cingleur de 5 tonnes.

D'un train de puddlage.

De quatre fours à cémenter, de 25 tonnes chacun.

De trois fours à réchauffer.

Enfin, de deux trains de laminoirs.

La fabrication consiste en : faucilles, limes,

ressorts pour carrosserie, outils divers et aciers divers.

La production annuelle s'élève à 1,170 tonnes se répartissant ainsi :

1,000 tonnes d'aciers de toute nature et fers fins ;

70 tonnes de ressorts de carosserie ;

100 tonnes d'outils divers et pelles ;

Plus 200,000 faulx, 7,500 faucilles, 100,000 paquets de limes en paquets, 15,000 douzaines de limes en douzaines.

Le directeur de cette usine est M. Espinasse, l'inventeur de l'appareil dont nous avons parlé ci-dessus. Cet appareil peut être appliqué à tout four à puddler et cela sans grande augmentation de frais.

Il se compose :

1° D'un arbre perpendiculaire à la sole. Cet arbre est muni à sa partie inférieure d'une palette en fer en forme d'hélice, à sa partie supérieure d'un pignon conique commandé par un arbre de transmission horizontal muni également d'un pignon conique.

Le pignon de l'arbre vertical est à denture renversée pour pouvoir, en le soulevant, désenbrayer l'appareil et d'élever la palette au-dessus de la sole une fois l'opération terminée.

Il résulte de l'emploi de cet appareil un brassage énergique qui, au lieu de durer 50 minutes comme d'ordinaire, dure à peine un quart d'heure.

Grâce à la palette héliçoïdale qui produit en tournant un mouvement ascensionnel des molécules de telle sorte que celles de la partie inférieure du bain soient ramenées à l'action de la flamme, on obtient une decarburation et une épuration très-sensibles.

Avec ce système, la production est augmentée de 50 pour cent, l'économie sur le combustible est en moyenne de 30 pour cent, l'économie sur la main-d'œuvre est de 25 pour cent environ ; enfin l'économie annuelle peut être comptée à près de 8,000 francs par four. Les aciéries et forges de Firminy emploient ce système ; huit de leurs fours en sont munis.

L'usine du Saut-du-Tarn exposait une collection d'outils en acier, de faux, de limes et de ressorts de carrosserie. On remarquait également des échantillons de trousses d'acier corroyé et d'acier fondu au creuset, des fers fins nerfs, des aciers fins pour limes, etc.

HAUTS-FOURNEAUX DE LABOUHEYRE ; MAISON LÉON ET Cᵉ.

L'usine de Labouheyre se compose de deux hauts fourneaux montés sur colonnes et d'une fonderie en première et deuxième fusion, cette usine est placée à proximité de la station de Labouheyre (Landes) entre Bordeaux et Bayonne sur la ligne des chemins de fer du midi, elle est reliée à cette ligne par un embranchement particulier.

Les hauts fourneaux sont alimentés exclusivement par du charbon de bois, et ils ne sont munis d'aucun appareil à chauffer le vent.

La machine de la soufflerie sort des ateliers de M. Farcot, elle est à détente variable et condensation, sa force est de 30 chevaux.

La soufflerie se compose de 3 cylindres soufflant, à double effet, pouvant donner de l'air comprimé à 0,12 centimètres de mercure. Les chaudières sont chauffées au moyen des gaz perdus des hauts-fourneaux. Ces gaz sont recueillis à la partie supérieure des fourneaux par des tuyaux disposés à cet effet; le tirage d'une grande cheminée de 31 mètres de hauteur les oblige à passer sous les générateurs.

La production annuelle de ces hauts-fourneaux s'élève à peu près à 3,600 tonnes. On emploie à Labouheyre les minerais d'Espagne, ces minerais donnent des fontes remarquables par leur résistance.

L'usine de Labouheyre fournit les fonderies de canons du gouvernement à Nevers et à Ruelle. Un des canons d'épreuve de cette usine a résisté à l'essai de 202 coups tirés à boulets pleins sans la moindre interruption.

Sous les halles de coulées, est installée une fonderie en deuxième fusion avec cubilot et grues, de cette façon, on peut couler en première ou deuxième fusion avec le même outillage. On fabrique dans cette fonderie des pièces de machines depuis les cylindres jusqu'aux coussinets. On fabrique également des croisements de voies et des roues de wagons en fonte.

L'usine de Labouheyre avait exposé des échantillons de sa fabrication; leur examen prouve le soin apporté à la marche régulière des hauts-fourneaux et la bonne qualité des minerais employés.

FORGES ET FONDERIES DE BEAULAC
PRÈS BAZAS (GIRONDE).

Citons comme usine produisant des fontes d'excellente qualité, celle de M. E. Darquez, à Beaulac. Cette usine exposait notamment un croisement de voie en fonte trempée assez remarquable : la Compagnie du Midi en avait exposé un semblable, provenant également de l'usine de Beaulac; ce croisement de voie a supporté le passage de 408,000 trains, paraît-il, et l'usure n'est pas appréciable. On fabrique également, à l'usine de Beaulac, des fers fins au bois pour la clouterie.

Cette usine consiste en :

1° Un haut-fourneau au bois.

2° Un cubilot au coke pour fonte de seconde fusion.

3° Une machine soufflante.

4° Deux marteaux-pilons à vapeur.

La force motrice s'élève à 75 chevaux.

Le nombre d'ouvriers employés s'élève à 130 personnes environ.

Si nous voulions agrandir notre cadre, que de maisons importantes n'aurions-nous pas encore à citer comme remarquables, tant au point de vue de la quantité de matières qu'elles fournissent sur les marchés de l'Europe, que de la qualité de ces matières. Mais, en terminant par l'examen des produits qui étaient exposés par MM. Petin et Gaudet, et en donnant quelques indications sur la Société des Forges de Franche-Comté, nous croyons en avoir assez dit pour montrer au lecteur qu'elle est l'importance de la métallurgie du fer dans notre pays.

FORGES ET ACIÉRIES DE LA MARINE
Anciens établissements Petin, Gaudet et Ce,
à Rive-de-Gier.

Les usines sont au nombre de cinq :

1° Toga, près Bastia (Corse), production de fontes et de fers affinés au bois : ces fontes et ces fers sont destinés à la fabrication des plaques de blindage et des frettes de canon. Quatre hauts-fourneaux fonctionnent à Toga.

2° Givors (Rhône). — Cette usine se compose de fours à coke, de 3 hauts-fourneaux au coke, et de 4 appareils Bessemer.

3° Rive-de-Gier (Loire). — Cet atelier a été créé en 1846. Dix-huit marteaux-pilons dont un de 28 tonnes fonctionnent dans cette usine. On a forgé en moyenne, depuis trois ans, 1,200 canons par an.

4° Assailly, près Rive-de-Gier, est l'aciérie principale de la Société. La fusion des aciers s'opère dans des creusets chauffés au gaz, au Bessemer et au four Martin-Pernot, four dont nous avons déjà parlé ; c'est dans cette usine qu'on a appliqué pour la première fois l'acier fondu à la fabrication des canons de fusil.

5° Saint-Chamond (Loire), usine où l'on fabrique les bandages sans soudure, les plaques de blindage, les grands fers spéciaux, les frettes en acier puddlé pour l'artillerie.

Le personnel employé se compose de 6,000 ouvriers environ. 60 machines à vapeur de la force totale de 6,500 chevaux constituent la force motrice.

Cette Compagnie produit annuellement :

18,000 tonnes de rails d'acier.

4,000 tonnes de bandages (fer, acier fondu ou puddlé).

2,000 tonnes d'essieux fer ou acier.

1,500 tonnes de ressorts divers.

7,000 tonnes de tôles et cornière (fer ou acier).

3,000 tonnes acier pour outils.

2,000 tonnes plaques de blindages.

3,000 tonnes canons et frettes.

L'exposition de cette Compagnie était située dans un bâtiment non loin de celui du Creusot. Si ce bâtiment n'était pas aussi luxueux que ce dernier, l'ensemble des produits exposés n'était pas disposé avec moins de méthode et moins de soins.

Nous avons remarqué dans cette exposition :

1° Des échantillons de minerais de Sardaigne (mine de Saint-Léon, près Cagliari), de Mokta-

el-Hadid et de Cameralia (Algérie), de l'île d'Elbe, d'Espagne et des Pyrénées françaises.

Ces minerais sont ceux traités dans les hauts-fourneaux de Toga et de Givors.

2° Des échantillons de fontes au bois et au coke, des cassures de lingot d'acier à rail, différentes qualités d'acier fondu pour limes, outils, etc... des aciers corroyés, etc.

3° Des tôles diverses en acier, dès casques et cuirasses en acier fondu, diverses pièces en acier fondu moulé.

4° Des boulets sphériques, cylindriques et cylindro-coniques en acier fondu, un de ces boulets cylindro-coniques pèse 780 kilogr. ;

5° Des ressorts Cook pour wagons, ressorts à lames, ressorts en spirales, etc.

Un châssis de wagon avec ses roues était suspendu au moyen des ressorts du système Cook ; ce système repose sur la conjugaison d'un ressort à boudin et d'un ressort en arc.

Ces deux ressorts sont rendus solidaires au moyen d'un système de pièces à fourreau.

Ces pièces sont généralement en acier coulé ; ce ressort a l'avantage sur les autres de constituer un tout solidaire qui rend inutile les pièce employées à la mise en place des ressorts sur les boites à graisse ; la fabrication de ce ressort est plus facile ; avec le système d'emmanchement à fourreau le ressort ne peut jamais dépasser la flèche maxima d'épreuve de telle façon que, le ressort viendrait-il à se casser, le véhicule ne s'affaisserait que de la course totale du ressort à boudin.

6° Un arbre coudé en acier fondu pesant 3,560 kilogrammes. Cet arbre est destiné à un navire de ia Compagnie de navigation à vapeur Lavarello, de Gênes.

Des tubes en acier fondu pour canons. Un de ces tubes était cassé dans sa longueur et montrait l'homogénité de l'acier ; on remarquait des copeaux d'acier de 50 à 85 mètres de longueur, enlevés sur les tubes et canons exposés.

Des lingots en acier dont un cassé.

Cette cassure montre un grain à larges facettes, cet acier est fort doux, son aspect est celui de la fonte ; il a été produit pour la fabrication des plaques de blindages en acier destinées à remplacer celles en fer. Pour arriver à ce résultat il fallait produire un métal plus résistant que le fer et moins cassant que l'acier ordinaire, ce métal, étant donné l'examen d'une pièce essayée, semble remplir ces conditions.

7° Des essieux pour affûts, pour wagons et pour locomotives.

Des frettes pour canon.

Des roues et des bandages, les roues sont en fer, les bandages sont en acier.

Rails en acier Bessemer dont un de 18 mètres de longueur.

Echantillons de fers spéciaux.

8° Blindages divers, dont un à section trapézoïdale de 4^m470 de longueur, de 1,560 de largeur, de 0,590 d'épaisseur en haut et de 0,350 d'épaisseur en bas, bien des visiteurs se sont demandé en contemplant ces masses qui servent à plaquer nos navires, pourquoi elles affectaient cette forme trapézoïdale ; nous allons en donner l'explication : Les navires munis de ces murailles protectrices atteignent des poids considérables, il était intéressant de trouver le moyen de diminuer ces poids sans rien enlever à la sûreté de la défense, on est arrivé à ce but en diminuant l'épaisseur de la partie du blindage immergée, on pouvait le faire sans crainte, la partie émergée ayant seule besoin d'offrir une résistance énorme aux coups de canons, celle immergée étant protégée par l'eau, de là la forme trapézoïdale adoptée.

9° Un modèle de grue pour conduire les pièces des fours aux marteaux pilons, cette grue a une disposition de transmission telle, que l'on peut donner à la pièce plusieurs mouvements, un d'élévation, un de descente et un de rotation sur elle-même.

Un modèle de four à acier à sole tournante du système Pernot. M. Pernot est le chef de fabrication de Saint-Chamond.

Un modèle d'un train de laminoir à blindages à section trapézoïdales.

Un des cylindre (le supérieur) a la forme d'un cône tronqué, des cylindres verticaux guident la pièce, ces cylindres se rapprochent ou s'éloignent les uns des autres au moyen d'appareils spéciaux (combinaisons de pas de vis et d'engrenages).

10° Un lingot d'acier fondu pesant 40,000 kilogrammes. Ce lingot montre ce que l'on peut obtenir avec les fours Pernot, un four de vingt tonnes et deux de dix tonnes ont fourni la matière de ce lingot.

SOCIÉTÉ ANONYME DES HAUTS-FOURNEAUX, FONDERIES ET FORGES DE FRANCHE-COMTÉ.

La Franche-Comté a une antique renommée pour ses produits métallurgiques. Ses fontes et ses fers au bois sont de première qualité, néanmoins elle a été ohligé de suivre le progrès au point du vue des moyens employés et d'adopter les nouvelles méthodes de travail afin de pouvoir satisfaire aux besoins divers de la consommation.

La Société anonyme des Hauts-Fourneaux de Franche-Comté qui a été fondée en 1853, réunit aujourd'hui le plus grand nombre des usines de la province; de plus, elle a créé à Fraisans (Jura) une importante usine à la houille.

La Société possède : Onze hauts-fourneaux au bois, cinq au coke (tous ces fourneaux ne sont pas en activité), treize usines à fers et tôles au bois et à la houille, tréfileries, pointeries, ateliers de construction.

La force motrice s'élève à 4,230 chevaux répartie ainsi : 70 moteurs hydrauliques d'une force totale de 2,210 chevaux, 52 moteurs à vapeur d'une force totale de 2,020 chevaux.

Le nombre du personnel employé s'élève à 5,000 ouvriers.

La production annuelle des usines est de :

20,000 tonnes de fontes au bois et au coke.

6,000 tonnes de fers spéciaux.

6,000 tonnes de fers marchands.

9,000 tonnes de tôles diverses.

1,000 tonnes de fers blancs.

14,400 tonnes de fils de fer divers.

5,500 tonnes de clous divers.

4,400 tonnes de constructions, telles que : Ponts, charpente, matériel de guerre.

Malgré les soins apportés dans leur fabrication, les perfectionnements apportés aux méthodes de travail, les usines étrangères ne sont pas encore parvenues à supplanter complétement les fers au bois de Franche-Comté.

Les fils de fer surtout ont une juste réputation ; nous remarquions, classe 65, des fils de fer et accessoires télégraphiques venant des tréfileries de Franche-Comté, ces divers produits ont une vente très-importante : en France, en Italie, en Espagne et en Turquie.

L'exposition de cette Société dans la classe 43 comprenait : une collection de minerais, des échantillons de fontes au bois et au coke, des épreuves à chaud et à froid de fers et tôles de huit qualités différentes, depuis la qualité puddlée ordinaire jusqu'à la qualité au bois dite supérieure de Franche-Comté, des échantillons de fers cornières, de fer tubulairés dits fers zorés.

On remarquait également des fils de fer pour cardes de filatures, pour tamis métalliques, ressorts, câbles et télégraphes, des clous pour emplois divers, des fers blancs, des tôles de toutes dimensions, depuis la grosse tôle pour coques de navires et chaudières jusqu'à celle employée dans l'industrie parisienne pour la fabrication des bijoux en acier.

Cette Société fournit des affûts de canon en tôle de fer et d'acier, des projectiles, des essieux, des rails, des plaques tournantes, des séma-phores, des ponts, des planchers, etc.

Ces fournitures montrent la place importante qu'elle occupe dans la métallurgie française.

––––––––

Nous avons remarqué, dans la classe 50, un appareil appelé le Forno convertisseur Ponsard, cet appareil fonctionnant à l'usine de M. Blondiaux et Ce, à Thyle–Château (Belgique)» nous en ferons la description à nos lecteurs quand nous parlerons de cette usine.

Le caractère tranchant de l'Exposition de 1878 pour la métallurgie du fer, c'est que les lingots d'acier et de fer exempts de scories supplantent ceux qui en contiennent; de plus, l'acier Bessemer ne cherche plus, comme à l'Exposition de 1867, à se cacher sous le nom d'*acier fondu*. Aucune usine Bessemer ne cherchait à se dissimuler, au contraire tous nos métallurgistes exposaient avec un certain orgueil leurs rails en acier Bessemer. L'Exposition de 1878 aura prouvé que, où, il y a quelques années, les métallurgistes ne trouvaient pas le Bessemer suffisamment bon, ils l'emploient maintenant d'une façon générale. MM. David Damoizeau n'ont-ils pas exposé des énormes chaînes en Bessemer ?

L'Exposition pouvait également donner une idée de l'extension qu'a prise la fabrication du ferro-manganèse. Nous avons vu que bon nombre d'échantillons exposés renferment jusqu'à 75 pour cent de manganèse.

Les hauts-fourneaux de St-Louis à Marseille furent avec ceux de Terre-Noire les premiers qui entreprirent la fabrication du ferro-manganèse, les échantillons exposés par les hauts-fourneaux de Marseille renferment jusqu'à 88 pour cent de manganèse.

Nous ferons ressortir, en outre, comme nouveauté depuis l'Exposition de 1837, les expériences faites par l'usine de Terre-Noire sur les aciers phosphoreux, expériences dont nous avons parlé.

Maintenant que nous avons donné une idée de l'importance qu'à la sidérurgie en France, parlons un peu de ce qu'elle est à l'étranger. Nous allons commencer par notre voisine : « La Belgique. »

BELGIQUE

La Belgique est, sous le rapport de la richesse minérale, une des plus riches contrées de la terre ; c'est le pays avec l'Angleterre où l'exploitation des mines remonte aux temps les plus reculés.

Les minerais de fer exploités en Belgique sont : l'oligiste, la limonite et le fer carbonaté lithoïde, l'aimant se rencontre également ; mais tellement disséminé qu'il n'est pas exploitable.

L'oligiste s'exploite en grand à l'état oolithique, c'est-à-dire formé d'une agglomération de petits grains de la grosseur et de la forme d'œufs de poisson.

Ce minerai de fer fournit un rendement de 35 à 40 0/0 de fonte.

La limonite se trouve en grande quantité dans le duché de Luxembourg et forme ce qu'on appelle *la minette*.

Le fer carbonaté lithoïde n'est exploité qu'en petite quantité, quoique le sol en renferme certains amas importants.

Dès la période romaine, les habitants des provinces belges étaient renommés pour leur aptitude, leur activité et leur habileté dans les travaux industriels du minerai de fer. On a trouvé en 1870, entre Dinant et Namur, deux fourneaux datant de l'époque romaine qui ont indiqué les procédés employés alors.

Dans le courant du XII° siècle, le fer était travaillé déjà avec une grande perfection. En 1560, on comptait 35 fourneaux et 85 forges dans tout le pays.

C'est dans l'établissement de John Cockerill, créé à Seraing en 1817, qu'apparut sur le continent en 1829 le premier haut-fourneau au coke.

Le nombre d'usines à fer proprement dites s'élevait, en 1875, à 54 se composant de : 7 fours d'affinerie, 676 fours à puddler, 289 fours à réchauffer, 29 squeezers, 111 marteaux-pilons, 11 martinets, 221 cisailles et scies, 228 trains de laminoirs divers, 592 moteurs à vapeur d'une force totale de 16,404 chevaux et 21 moteurs hydrauliques d'une force totale de 506 chevaux.

Le nombre d'ouvriers employés s'élevait à 14,151 personnes.

La production totale en fers divers était, en 1875, de 346,440 tonnes, d'une valeur de 89,836,188 francs.

Cette production n'était, en 1860, que de 200,596 tonnes, elle a donc presque doublé depuis cette époque jusqu'en 1875.

La fabrication des objets en fonte occupe une grande place et progresse encore plus rapidement que les fers marchands et spéciaux ; en 1857, cette fabrication ne s'élevait qu'à 17,016 tonnes; tandis qu'en 1875, elle a atteint 83,633 tonnes ; comme on le voit, elle a donc quintuplé.

Il n'y a, en Belgique, que trois usines qui s'occupent de la fabrication de l'acier. Ce sont :

L'aciérie de la Société John Cockerill, possédant 8 convertisseurs.

L'aciérie de la Société Pasteur et Ce, à Angleur, possédant 4 convertisseurs.

Et l'aciérie de la Société anonyme de Sclessin à Tilleul, fabriquant l'acier au procédé Martin.

La quantité de rails en acier fondu, fabriqués par ces trois Sociétés, s'élevait, en 1876, à 65,000 tonnes..

SOCIÉTÉ JOHN COCKERIL ET Cᵉ, A SERAING.

L'usine de Seraing est considérable; elle occupe 8,750 ouvriers, un peu plus de la moitié du nombre de personnes employées au Creusot.

La force motrice totale est de 6,600 chevaux-vapeur produits par 250 machines à vapeur.

Les ateliers de Seraing ont construit, jusqu'à ce jour, 40,000 machines et installations mécaniques diverses, 390 navires pour navigation maritime ou fluviale ; leur fourniture annuelle peut s'élever à 1500 machines diverses, 8,000 tonnes de ponts, plaques tournantes, etc., 14 navires de guerre cuirassés ou autres.

L'exposition de la Société John Cockeril était une des plus belles installations en ce genre, qu'on ai trouvée au Champ-de-Mars, on avait réuni dans un même ensemble, avec toute la méthode qu'il était possible d'apporter, ses types de machines, ses produits marchands, deux spécimens de rails en acier Bessemer de nombreux échantillons de ce métal, des tôles embouties pour chaudières et foyers de locomotives, de roues en fer, etc.

Nous allons examiner séparément les plus remarquables pièces exposées.

Commençons par la machine Reversing à deux cylindres conjugués pour laminoirs à rails et à tôle.

Cette machine est de la force de 500 chevaux.

Depuis 1871, une machine à peu près semblable fonctionne dans les usines de Seraing, la tôle exposée, celle de 14 mètres de longueur sur 1,220 de largeur, a été obtenue au moyen de laminoirs conduits par cette machine. La transmission était faite par une grande roue commandant un pignon ; mais en 1875, on fit l'essai d'un reversing à action directe, et les expériences démontrèrent la possibilité pratique de cette transformation ; en effet, des résultats inespérés furent atteints ; non-seulement on avait les avantages d'une simplification, mais encore on reconnut que le moteur était d'une obéissance extraordinaire, d'une douceur d'allure étonnante et d'une grande capacité de force.

Pour obtenir le renversement rapide et spontané, on a ajouté aux reversing en activité à Seraing un condenseur et une pompe à air activée par un petit moteur.

La distribution se fait au moyen de simples tiroirs munis de recouvrement convenable et le renversement de la marche s'opère au 'moyen d'une coulisse actionnée par deux excentriques.

Pour faire manœuvrer le changement de marche, le mécanicien éprouvait beaucoup de résistance, résistance très-difficile à vaincre, on dut adjoindre un petit moteur hydraulique, de cette façon, le mécanicien est complétement maître de |sa machine et cela à tel point que si en laminant une pièce on s'aperçoit d'un défaut au milieu de l'opération, au premier signal il fait revenir la pièce à son point de départ, sans aucune difficulté et sans aucun effort.

Avec cette machine, on est arrivé dans les moments de presse à produire, sans aucune adjonction de personnel, 365 tonnes par 24 heures.

Grâce au condenseur, dont nous avons parlé plus haut, cette machine ne dépense pas la quantité énorme de vapeur qui lui était habituelle, dépense qui était toujours une grosse objection à l'emploi de ces machines.

Ainsi, pour la production de vapeur nécessaire à la fabrication d'une tonne de rails, on ne dépense que 118 kilogrammes de houille.

Une des plus précieuses qualités du reversing à action directe qui démontre sa supériorité sur les machines à volant, c'est la sécurité du laminage; plus de ruptures de cylindres, de cages ou de chapeaux. Cette sécurité est des plus parfaites, puisque le simple signal du chef lamineur suffit pour obtenir un arrêt net, le mécanicien conducteur observant toujours ce dernier.

Le train de laminoirs exposé comportait une

paire de cylindres qui a au moins laminé dix mille tonnes de rails.

Nous avons remarqué également une paire de cylindres bruts tellement finis que l'on pouvait presque se dispenser de les tourner.

On a pu, au moyen de ces laminoirs, obtenir des rails de 55 mètres de longueur, il y en avait deux à l'Exposition ; ces deux rails sont enroulés en spirales.

La machine exposée a une distribution autre que celle qui fonctionne à Seraing, on a subtitué aux tiroirs, des soupapes à double siége, équilibrées, ces soupapes fonctionnent au moyen d'une disposition spéciale de cames.

Comme types de machines qui ont été exposées, nous trouvons ensuite une machine d'épuisement de la force de 300 chevaux, nous citons cette machine purement et simplement, sa description nous ferait sortir du cadre que nous nous sommes tracé.

Citons également des perforateurs et des compresseurs à air comprimé et une locomotive à marchandises pour fortes rampes.

Des dessins figurant l'installation des nouvelles aciéries de la Société et une vue à grande échelle des souffleries Bessemer ont en outre attiré notre attention.

La machine qui actionne ces souffleries est verticale à deux cylindres du système Woolf-Compound. Les manivelles sont calées d'équerre et un réservoir placé intermédiairement entre les cylindres reçoit la vapeur du petit pour la distribuer dans le grand.

Ce mode donne non-seulement des résultats économiques assez remarquables, car il paraît qu'en marche normale la dépense est à peine de 1 k. 750 de charbon par cheval, mais encore le mécanicien est parfaitement maître de sa machine, chose très-importante; car il est nécessaire lorsque le signal d'arrêt ou de mise en marche est transmis de l'atelier où se trouvent les convertisseurs, que le vent soit arrêté ou donné sans la moindre hésitation.

Les nouvelles aciéries de Seraing sont une des parties les plus importantes de cet immense établissement, leur construction a été commencée en 1874.

Lorsque l'usine sera terminée, elle comprendra 4 hauts fourneaux reliés par des ponts auxquels on parviendra par des monte-charges.

Trois seulement sont construits : chaque haut-fourneau est muni de quatre appareils Whitwell. La hauteur de ces hauts-fourneaux est de 18^{m}500, le creuset a 1,600 de diamètre; le ventre a 5 mètres, le gueulard a 3,500. Trois machines soufflantes du type Seraing fournissent l'air nécessaire à une pression pouvant atteindre 30 centimètres de mercure.

Les cylindres soufflants ont 3 mètres de diamètre avec 2,440 de course de piston, les machines sont du système Woolff à condensation.

A gauche et à droite des machines soufflantes, on a installé des halles de mélange et au bout : les appareils pour le service hydraulique.

Dans les halles de mélange, on a établi un élévateur hydraulique permettant d'élever et de déverser les minerais dans des loges spéciales et bien séparées.

Les générateurs fournissant la vapeur aux machines sont au nombre de douze. Ils sont en acier Bessemer. Ces générateurs sont chauffés par les gaz perdus des hauts-fourneaux.

Les hauts-fournaux sont accolés à la grande halle de la fonderie Bessemer.

Cette halle est divisée en trois parties :

La première contient les poches de coulée et les élévateurs hydrauliques qui amènent la fonte chaude du haut-fourneau aux convertisseurs.

La deuxième contient les cubilots.

La troisiéme contient les convertisseurs.

Les machines soufflantes de ces engins sont semblables à celles des hauts-fourneaux.

Pour terminer, mentionnons différentes pièces de chaudronnerie, quelques dessins donnant les principaux organes fournis par l'usine tels que : Pièce en acier Bessemer, pesant 2,000 kilogrammes, manivelle de 1,100 kilogrammes, un arbre de machine d'extraction ayant 0,500 de diamètre et pesant 13,000 kilogrammes.

SOCIÉTÉ ANONYME DE MARCINELLE ET COUILLET.

Cette Société a été fondée en 1835 sous le patronage de la *Société générale Belge pour favoriser l'industrie nationale.*

C'est une des plus puissantes Sociétés métallurgiques de la Belgique.

Elle est propriétaire des hauts-fourneaux, laminoirs et ateliers de Couillet et de Chatelineau.

En outre, la Société exploite les charbonnages de Marcinelle et du Gouffre, à Chatelineau.

Ces usines consistent :

1° En ateliers de construction de machines locomotives et fixes, fonderies, chaudronnerie, hauts-fourneaux, fours à coke, laminoirs de rails et fers divers, à Couillet ;

2° En ateliers de construction de machines locomotives et fixes, fonderies, chaudronneries, hauts-fourneaux, fours à coke, laminoirs à rails et fers divers, et les charbonnages du Gouffre, à Châtelineau.

3° En exploitation de charbonnage à Marcinelle, et en diverses concessions de minerais de fer en Belgique et dans le grand-duché de Luxembourg.

La Société possède dans ces différentes usines :

12 hauts-fourneaux.
250 fours à coke.
58 fours à puddler.
38 fours à réchauffer.
12 trains de laminoirs divers.
9 cubilots.
3 fonderies.
68 feux de forges.

La force motrice s'élève à 6,841 chevaux fournie par 15 machines actionnant les souffleries, 28 machines actionnant les laminoirs, 77 machines actionnant diverses machines outils.

7 locomotives font le service des transports.

Les ateliers fabriquent spécialement des roues pour wagonnets.

Les machines soufflantes sont horizontales; à quatre cylindres conjugués, à detente et à condensation.

Le nombre des ouvriers s'élève à 6,500.

L'exposition de cette Société consistait en divers échantillons et cassures de fers spéciaux, de rails, de fontes, etc., tôles de chaudières et de bâteaux.

BLONDIAUX ET Cⁱᵉ, A THY-LE-CHATEAU

La fondation des établissements de Thy-le-Château date de 1775; la Société Blondiaux et Cⁱᵉ en a pris possession en 1854.

Ces usines se composent de quatre hauts-fournaux, une forge pouvant produire 40 à 50,000 tonnes de rails et d'accessoires, un atelier de construction et de réparation et une fonderie.

La somme totale de force motrice s'élève à 1,020 chevaux répartie comme suit :

4 machines soufflantes, 3 de monte-charges, 7 machines alimentaires, 3 à Balast, 1 pour broyeur à charbon. 2 machines pour le coke,

2 d'atelier de réparation, 40 machines diverses pour laminoirs cisailles, etc., deux locomotives faisant le service de l'usine, 7 marteaux-pilons, 1 marteau-frontal. La forge comprend : 54 fours à puddler, 21 fours à chauffer, 3 trains à gros fers corroyés et à rails, 5 trains divers, 5 cisailles et 5 scies circulaires.

On a installé, à Thy-le-Château, un forno-convertisseur Ponsard pour la fabrication de l'acier et on a obtenu avec ce four un bon acier, doux et malléable, se soudant parfaitement avec le fer.

La fabrication au procédé Bessemer est sans doute très-avantageuse ; mais il ne faut pas craindre la dépense coûteuse d'une installation.

Le procédé Martin-Siemens répond mieux que le précédent aux installations peu coûteuses; à la condition cependant que l'usine dans laquelle il est en usage ait à sa disposition une quantité suffisante de riblons, sans quoi on est obligé d'employer une forte proportion de fer de qualité dont le prix est plus élevé que celui de la fonte, et en ce cas le procédé Martin-Siemens devient coûteux.

Le *forno-convertisseur* Ponsard parait vouloir donner les avantages des systèmes Bessemer et Siemens-Martin sans les inconvénients qu'ont ces deux procédés.

M. Ponsard a donné deux dispositions à son appareil : la première consiste en une sorte de tonneau mobile autour d'un axe horizontal présentant quelqu'analogie avec le four Danks, la seconde, celle qui est installée à Thy-le-

Château; consiste en un four à gaz à haute température; la sole de ce four est mobile et munie d'une certaine quantité de tuyères, ces tuyères sont disposées de telle façon que l'on peut procéder pendant le cours de l'opération par insufflation et combustion intermoléculaire comme dans le système Bessemer tout en produisant une énorme chaleur extérieure par la combustion du gaz, la sole, supportée par uu chariot pour pouvoir être remplacé ou réparée facilement, est inclinée, on peut en outre, par un dispositif spécial, l'animer d'un mouvement de rotation, de telle sorte que l'insufflation est arrêtée, les tuyères émergeant hors du bain par suite de l'inclinaison de la sole; on se trouve alors dans les mêmes conditions que par le procédé ordinaire de fabrication sur sole.

Lorsque la sole a une position telle que les tuyères se trouvent dans la partie la plus basse, l'insufflation se produit dans le bain métallique et l'affinage se fait. Au moment où l'on juge que la décarburation est suffisante, on fait faire une demi-révolution à la sole, les tuyères arrivent au point le plus haut, elles émergent et le métal se trouve soustrait à l'influence du courant d'air, lequel a été arrêté automatiquement par le mouvement même de la sole.

On peut, comme dans le système Siémens-Martin, essayer le métal et faire des additions, s'il est nécessaire; dans ce cas si l'on trouve qu'une deuxième insufflation est utile, on la produit en faisant faire à la sole une nouvelle demi-révolution. Pour obtenir la haute température on se sert de gaz produits dans un gazogène. Les produits de la combustion se rendent dans un récupérateur ou appareil à air chaud destiné à chauffer l'air comburant. Ce récupérateur consiste en une série de compartiments parallèles disposés de telle façon qu'une colonne d'air circule et s'échauffe dans un de ces compartiments placés entre deux autres dans lesquels descendent les gaz brûlés. Les cloisons des compartiments sont entretoisées par des briques creuses formant chicanes, lesquelles sont destinées à présenter beaucoup de surface aux gaz.

Les briques du récupérateur sont juxtaposées de telle façon qu'il peut subir des efforts de dilatation et de contraction sans crainte de dislocation, on peut chauffer l'air à une température pouvant atteindre 1050 degrés.

Les produits de la combustion après avoir échauffé l'air comburant peuvent être utilisés pour le chauffage des générateurs à vapeur.

Ce nouvel appareil (Forno - convertisseur Ponsard) semble pouvoir occuper dans l'avenir une place importante dans la métallurgie, car avec lui, pour fabriquer l'acier on pourra employer des fontes peu siliciées et peu carburées, obtenir avec facilité les qualités d'acier désirées, on pourra même employer des fontes froides, si la production est de moyenne importance l'installation est relativement peu .

coûteuse, tels sont les avantages que ce four présente sur les convertisseurs Bessemer.

Le fornoconvertisseur Ponsard présente également des avantages sur le procédé Siémens-Martin. En effet avec cet appareil on peut opérer seulement sur de la fonte, les opérations étant plus rapides il y a économie de combustible et économie dans les frais de premier établissement, un forno-convertisseur remplaçant comme production deux fours Siémens-Martin.

Messieurs Blondiaux et Cᵉ avaient exposé : des rails en acier, des rails en fer avec bourrelet en acier, des cassures de fer, des cassures de soudure d'acier et de fer, des cassures d'acier, cet acier exposé a été fabriqué au moyen du forno-convertisseur Ponsard.

FORGES ET FONDERIES DE CLABECQ, JOHN GOFFIN.

Cet établissement exposait : une tôle pour longeron de locomotive, une tôle striée, un paquet de fines tôles, des pièces diverses en fer pour roues de wagon, fers spéciaux divers, diverses cassures de fers, deux tuyaux en fonte assemblés par un joint spécial appelé «joint Hoyois.»

Les usines de Clabecq fabriquent annuellement 14,000 tonnes de fers laminés, 7,000 tonnes de tôle de construction, 1,500 tonnes de tôle pour la fabrication des tuyaux de poêles, 1,000 tonnes de fers forgés, et 2,500 tonnes de fers ouvrés.

SOCIÉTÉ ANONYME DES HAUTS-FOURNEAUX, FORGES ET FONDERIES DE LA PROVIDENCE.

Cette société possède trois usines, une à Marchienne-au-Pont (Belgique), une à Hautmont (Nord-France) et une autre à Rehon (Meurthe-et-Moselle), les minerais employés proviennent en grande partie du Luxembourg.

Cette société exposait des poutrelles et des fers laminés de toute sorte, des longrines en fer laminé, etc.

Ces fers sont fabriqués avec des paquets ébauchés, à chacun des angles de ces paquets on place un fer corroyé qui forme saillie et qui sert à former les ailes du fer en T. Les fers larges plats sont fabriqués avec des paquets de fer ébauché et des ferrailles dans l'intérieur, ces trousses sont reconvertes de feuilles de tôles ou de bouts de fer plat

SOCIÉTÉ ANONYME DES FORGES D'ACO.

Cet établissement fabrique des rails pour chemins de fer à grande section, des petits pour charbonnages, carrières, etc:

Rails de tramways et accessoires, traverses, boulons, crampons, poutrelles, fers divers, fers fendus pour clouterie, tôles diverses, tuyaux en fonte... etc., etc.

On remarquait dans l'exposition de cette

Société : une tôle de 8 mètres de longueur sur 1^m440 de largeur et sur 0,0125 d'épaisseur, des fers larges plats divers, dont un de 32^m 00; deux poutrelles de 18 centimètres de hauteur sur une longueur de 12 mètres échantillons, divers échantillons de fers et de fontes et cassures diverses.

SOCIÉTÉ ANONYME DE LA FABRIQUE
DE FER DE CHARLEROI.

Cette Société fabrique spécialement des tôles de chaudières et de locomotives, elle n'emploie pour sa fabrication que des fontes de fer fort, première qualité; des fontes grises et des fontes Spiegel.

Cette Société exposait des tôles fines et des toles fortes, dont une de 8,100 de longueur, 1,100 de largeur et 2 millimèt. d'épaisseur.

Les tôles fines sont laminées au moyen d'un train système Lauth Deby, mis en activité en février 1875. Les larges plats sont laminés au *train universel*, le premier installé en Belgique.

La maison *Riché et Ce* à Marchiennes-au-Pont, exposait des cassures montrant la texture de ses fers divers, des échantillons de fers spéciaux.

La société anonyme des *Forges et laminoirs du Lion Belge, à Couillet,* exposait des fers profilés divers, fers marchands, fers fendus.

La Société anonyme des *Usines métallurgiques de Marcinelle,* exposait des échantillons de fontes d'affinage et de moulage.

La Société anonyme des *Laminoirs de la Concorde,* exposait des fers pour barrages, des fers de divers profils, cornières, etc.

La Société anonyme des *Forges de Zône,* à Marchiennes-au-Pont, exposait des spécimens de fers et tôles pour construction, des fers marchands, des cornières, des poutrelles, des rails de tramways, des fers battus et des tôles.

———

Au point de vue de la fabrication du fer brut, la Belgique, malgré le peu d'étendue de son territoire, vient immédiatement après la Grande-Bretagne, l'Allemagne et la France.

Cette production s'élève à 482,404 tonnes par an.

———

SUÈDE

La Suède est assurément le pays de l'Europe le plus privilégié, sous le rapport des immenses richesses qu'il renferme en minerais de toute sorte et principalement en minerais de fer. En outre, toujours ou presque toujours, les couches énormes de minerais que l'on rencontre se trouvent à proximité de vastes forêts, situation dont il n'est pas besoin, croyons-nous, de faire ressortir l'avantage.

L'industrie sidérurgique a toujours été très-développée en Suède, tant au point de vue de la qualité qu'à celui de la quantité.

Cependant, la Suède est loin actuellement d'occuper la première place parmi les pays producteurs du fer; cela tient surtout à la généralisation de l'emploi de la houille, substituée au bois et au charbon de bois, substitution, qui en Suède, n'a pas acquis le développement que l'on trouve ailleurs; cette lenteur apportée dans cette substitution est très-simple à expliquer et à comprendre. La Suède ne possède de combustible minéral que dans la Scanie, province la plus méridionale et très éloignée des gisemeuts métallifères (cette province ne renferme pas de minerais); il en résulte que l'emploi de cette houille reviendrait plus cher que celui des meilleurs charbons anglais, d'autant plus que la qualité de ce combustible laisse beaucoup à désirer.

On est donc réduit en Suède à se servir presque exclusivement de bois. Ce bois devient, lui aussi, de plus en plus coûteux, par la simple raison que plus on va, plns les forêts avoisinant les mines s'épuisent et qu'on est obligé de tirer le charbon de bois d'exploitations de plus en plus éloignées, d'où il résulte une augmentation dans les prix de revient.

Néanmoins si les causes dont nous venons de parler nuisent à la production en tant que quantité; la qualité du fer suédois est loin de diminuer, elle s'améliore même encore grâce à l'emploi de nouveaux procédés; le fer de Suède est encore plus pur et plus homogène que par le passé et l'on peut toujours affirmer qu'il tient la première place sur les marchés du monde comme fer brut de bonne qualité.

La Suède est, comme nous l'avons déjàdit, un pays fort riche en minerais de bonne qualité; ces dépôts se trouvent principalement dans la contrée comprenant le Sud-Ouest du gouvernement de Gelfe ; le Sud-Est de Kopparberg, tout le gouvernement d'Orebro, le Vermland oriental et une partie du Vestmanland. (*Voir une carte politique et physique de la Suède.*) Citons encore comme gisements remarquables ceux de Dannemora dans le gouvernement d'Upsal et le grand gisement du Taberg dans le gouvernement de Jon Koping.

Pour qu'un pays riche en minerais et en combustibles végétaux comme l'est la Suède, devienne un important producteur de fer, il est indispensable que les voies de communication, convenables et à bon marché ne lui fassent pas défaut ; or, la Suède en est fort dépourvue. Pourquoi n'y remédie-t-on pas ? dira-t-on — les efforts faits depuis quelques années tendent à ce but ; répondrons-nous ; mais ce qui est facile dans d'autres contrées est très-difficile dans un pays comme la Suède ; très-coûteux et très-difficultueux l'établissement d'un réseau de lignes ferrées dans de vastes régions forestières très-éloignées des centres miniers ; et surtout avec une population aussi clairsemée que l'est la population suédoise.

La superficie de la Suède s'élève à 442,818 kilomètres carrés, dont 36,097 sont occupés par les eaux ; or, ce vaste territoire n'est peuplé que par 4,419,712 habitants. Sur ce chiffre. 4,000,000 environ, dit M. Ackermann, professeur à l'Ecole des mines de Stockholm, habitent la partie méridionale, de sorte que, selon lui, 237,307 kilomètres carrés ne seraient habités que par 400.000 habitants, ce qui ferait un peu moins de deux habitants pour un kilomètre carré, on voit donc qu'on avait quelques raisons de croire que des voies ferrées établies à grand'peine risqueraient fort de ne pas faire leurs affaires. Cependant ces craintes étaient un peu exagérées ; des constructions de chemins de fer ont eu lieu dans cette dernière période décennale et l'exploitation de ces différentes lignes a donné un rendement inespéré.

Les transports sont donc un peu améliorés ; mais, eu égard à la vaste étendue de la Suède, il faudrait, pour arriver à un grand développement métallurgique, un nombre infiniment plus considérable de voies ferrées que celui qui existe actuellement. La Suède ne nous paraît pas pouvoir jamais faire des sacrifices beaucoup plus grands que ceux qu'elle a fait jusqu'ici, car rien ne paraît avoir été négligé pour arriver à des résultats satisfaisants.

En considérant l'impossibilité de se procurer des combustibles minéraux à bon marché, l'intérêt de la Suède est de se restreindre, de ne pas chercher à augmenter sa production ; mais se contenter de la fabrication de produits plus chers que ceux provenant d'autres contrées, par conséquent, de qualité bieu supérieure.

L'amélioration dans les procédés de fabrication, voilà ce que la Suède doit chercher, c'est là seulement, croyons-nous, qu'est l'avenir de la sidérurgie suédoise, avenir qu'il faut bien se garder de dédaigner.

Les minerais de fer suédois sont principalement : le *minerai de fer magnétique* et l'*oligiste* ou *péroxyde de fer*, qui se trouvent tous deux en filons au milieu de roches primitives composées de *gneiss*, *d'eurite*, de *micachistes* et de *calcaires anciens*. En Suède, on appelle l'*oligiste* : « *bergmalmer* », « *minerai de roches* » pour le distinguer de celui que l'on rencontre dans la province de Småland, désigné sous le nom de « *myrmalmer* », « *mine-rai de marais* ».

Les amas de minerais ont une étendue plutôt verticale qu'horizontale.

Les minerais encaissés dans le *gneiss* contenant du *feldspath* sont par conséquent « *alumineux* », ce sont les seuls qui en Suède contiennent une certaine quantité de phosphore assez grande pour les rendre impropre à la fabrication de l'acier Bessemer.

Les minerais de la Suède ont ordinairement un rendement variant de 45 à 50 pour cent, certains même donnent 70, mais il sont rares.

A part celui que nous avons mentionné ci-dessus, les minerais suédois contiennent fort peu de phosphore; ceux qui en sont le plus dépourvu sont ceux que l'on extrait des mines de Dannemora ; ils n'en tiennent que 0,002 pour cent environ ; ces minerais sont en général employés pour la fabrication de l'acier cémenté et fondu.

Les minerais dits : « *minerais de roche* » sont presque toujours mélangés avec de la pyrite, aussi est on obligé de leur faire subir un grillage.

La production des minerais de fer en Suède s'est élevée en 1876 à 796,957 tonnes, réparties comme suit entre les différents gouvernements:

Norrbotten	48 tonnes.
Vesternorrland	494 —
Jemtland	102 —

Gefleborg . . . . 24802 tonnes.
Upsal . . . . 55710 —
Stockholm, campagne. . 26242 —
Ropparberg . . . . . 191654 —
Vestmanland. . . . . 147219 —
Orebro . . . . 201778 —
Verneland . . . . . . 110091 —
Sodermanland. . . . . 14997 —
Ostergotland . . . . . 7609 —
Jonkoping . . . . . . 7204 —

FONTES

Il n'existe plus en Suède de bas-fourneaux pour produire directement le fer du minerai, depuis 1840 les minerais sont toujours, dans toutes les usines, transformés d'abord en fonte à l'aide de hauts-fourneaux.

Les anciens hauts-fourneaux ont 9 mètres de hauteur et ne possèdent qu'une seule tuyère; ceux construits dans ces dernières années ont une hauteur variant de 12 à 16 mètres et sont munis de 2 à 4 tuyères.

Actuellement donc, la hauteur des hauts-fourneaux varie de 9 mètres à 16 mètres 500 et leurs largeurs intérieures de 1,500 à 1,900 au gueulard, de 2 mètres à 3^m100 au ventre, de 0,800 à 1.700 entre les tuyères. Leur capacité est de 23 à 90 mètres cubes. Les combustibles employés sont le charbon de bois obtenu du pin et du sapin. Par tonne de fonte la consommation varie entre 5 et 8 mètres cubes de charbon, extraordinairement cette consommation s'élève à 15 mètres cubes par tonne pour la réduction des minerais du Taberg-Smålandais. Les minerais à leur sortie de la mine sont généralement grillés puis broyés à l'aide du concasseur de Blake et réduit ainsi à des morceaux de la grosseur d'une noix.

La production hebdomadaire d'un haut-fourneau est de :

Pour les petits 40 à 65 tonnes.

Pour les moyens 65 à 85 tonnes.

Pour les grands 85 à 130 tonnes.

Le gaz des hauts-fourneaux est utilisé ordinairement au grillage des minerais au chaufage du vent et à celui des générateurs à vapeur.

Tout le gaz n'est pas utilisé car en Suède on ne ferme pas les gueulards, le gaz est pris eu moyen de trémis placés à deux ou trois mètres au-dessous du gueulard, il est évident qu'avec cette disposition il s'en perd beaucoup. Deux hauts-fourneaux seulement ont des appareils de fermeture répartiteurs des gaz.

Presque toute la fonte produite est destinée à être affinée au bas fourneau, elle est coulée en coquilles sous forme de gueuses larges et plates. Cette manière d'opérer est faite pour obtenir des fontes pauvres en silicium. La cassure de cette fonte estmi-blanche.

Dans le district minier de Dannemora, comme on emploie la méthode wallone, on se sert de fonte truitée blanche que l'on coule dans le sable en saumons de 4 à 6 mètres de longueur.

Les lits de fusion sont les plus basiques qui soient employés en Suède.

La teneur de la fonte suédoise ordinaire est de :

En Carbone,			4	pour cent.
» Silicium,	0,1	à 0,4		pour cent.
». Soufre,	0,01	à 0,03		pour cent.
» Phosphore,	0,01	à 0,05		pour cent.

Pour les fontes Bessemer, la teneûr en silicium est environ de 1 pour cent.

Quelques hauts-fourneaux suédois produisent de la fonte spéculaire, à Schisshyttanon en a produit contenant 20 pour cent de manganèse.

La fabrication de la fonte de moulage est très peu importante attendu que celles provenant du Cleveland (Angleterre) sont bien meilleur marché que celles produites en Suède.

Les laitiers sont généralement utilisés en Suède comme matériaux de construction, on les coule dans les moules en fonte et on en forme ainsi des briques.

Presque toutes les usines suédoises ne comprennent qu'un haut-fourneau. Cela provient de la difficulté que l'on a à réunir sur la même place de grandes quantités de matières premières.

Cependant, actuellement, grâce aux voies ferrées, quelques usines ont pu s'agrandir et construire plusieurs hauts-fourneaux à côté l'un de l'autre.

Dans les usines qui sont éloignées de tout

chemin de fer, les transports se font par chariot et seulement pendant l'hiver, la quantité dè fonte produite est donc dans beaucoup de cas en rapport avec la longueur de l'hiver. Si l'hiver a été long on a pu amasser une plus grande quantité de matières premières et alors la production de la fonte a été forte; si au contraire l'hiver a été court les approvisionnements s'en sont ressentis et la production de fonte a été faible.

La production totale de la fonte s'est élevée en 1876 à 344,864 tonnes dè fonte en gueuses et 7,753 tonnes de fonte moulée; soit un total de 352,662 tonnes, fournies par 205 haut-fourneaux.

FERS

La méthode la plus employée en Suède pour affiner la fonte est celle dite de *Lancashire*, on opère dans des bas-fourneaux couverts, la loupe que l'on obtient est portée dans certaines usines importantes, sous des marteaux en fonte mus par l'eau, ces engins pèsent jusqu'à 5,000 kilogrammes.

Dans les petites usines on se sert de marteaux à queue en bois ne pesant pas plus de 850 kilogrammes; dans quelques-unes de ces petites usines on emploi des marteaux-pilons à vapeur de 650 à 1,700 kilog.

On a installé dans plusieurs établissements des cylindres laminoirs dégrosisseurs avec lesquels on étire immédiatement les loupes à leur sortie du four; on en forme des billettes, soit pour fers à verges, soit pour la fabrication de l'acier fondu ; mais en général on ne procède pas ainsi : on laisse refroidir complétement les loupes puis on les réchauffe pour les corroyer.

Le réchauffage s'opère le plus communément dans des fours à souder au gaz.

La forme de ces fours est très-allongée ; on fait pénétrer les loupes froides par le côté le plus éloigné du foyer, puis on les pousse successivement ; de telle sorte, qu'à mesure qu'on enlève une loupe chauffée au blanc soudant une loupe moins chaude vient la remplacer, de cette façon le travail est pour ainsi dire continu.

Dans quelques usines on se sert du foyer Franc-Comtois, le grand inconvénient dans l'emploi de ce four, c'est d'user beaucoup de charbon de bois (jusqu'à 11 mètres cubes pour une tonne de fer en barres.)

Dans le district de Dannemora on emploie le procédé Wallon, et cela depuis très-longtemps. Cette méthode consiste à faire usage de deux bas-foyers, dans l'un on affine la fonte et on forme des lopins, dans l'autre on soude ces lopins avant de les étirer sous le marteau. Le fer produit par ce procédé est bien moins homogène que celui qu'on obtient par la méthode de Lancashire; mais cela est de peu d'importance, ce fer étant réservé pour la fabrication de l'acier fondu.

Le puddlage est fort peu usité en Suède ; quelques usines seulement fabriquent du fer puddlé pour la fabrication de la tôle.

A Motala, on a fait l'essai d'un four Danks ; les résultats ne furent pas ce qu'ils avaient promis d'être, par suite de la difficulté qu'il y avait à exprimer les scories des grosses lonpes ; les usines suédoises ne peuvent s'offrir le luxe de marteaux-pilons colossaux.

ACIERS

Le procédé Bessemer a été employé en Suède dès son introduction dans la métallurgie. C'est dans ce pays que se firent des expériences complètes sans lesquelles il n'eût pas acquis très probablement l'importance qu'il a actuellement.

Grâce aux minerais très peu phosphoreux, on obtint en Suède un bon produit Bessemer et on découvrit de là que les matières vraiment propres à cette fabrication étaient celles ne contenant que fort peu de phosphore.

Néanmoins, bien que la Suède soit pour ainsi dire, le berceau du Bessemer, cette fabrication s'est développée fort lentement. D'où provient cette lenteur ? Très-probablement du prix fort élevé des appareils Bessemer.

Trois établissements ont encore en Suède des appareils Bessemer fixes, les autres usines à Bessemer ont des convertisseurs mobiles dans lesquels la fonte liquide est amenée directement du haut-fourneau.

Généralement en Suède on ajoute à la fin de l'opération dans la fabrication de l'acier Bessemer : 1 à 3,50 pour cent de fonte spéculaire à moins cependant que les minerais qui ont fourni la fonte ne soient riches en manganèse.

Sauf à Saudwike où on emploie la papeur la force motrice est hydraulique dans toute les usines à Bessemer ; on utilise ainsi les nombreuses chutes d'eau que l'on trouve dans cette contrée.

En 1876 la production totale de l'acier Bessemer s'est élevée à 21,000 tonnes.

A Muckfors à la sociéte d'Uddeholm on fabrique du fer et de l'acier fondu d'après le procédé Martin, dans un four à régénérateur Siemens avec condensateur Ludin ; ce condensateur sert à enlever et à recueillir l'eau contenue dans le combustible.

Ces fours sont très-petits, ils ne contiennent que 1,700 à 3,000 kilogr.

A Vikmanshyttan, on se sert du procédé *Uchatius* pour produire l'acier; lequel consiste à mélanger, la fonte avec de la poudre de minerai et un peu de charbon, on obtient la fusion dans des creusets de graphite au moyen de fours anglais alimentés au coke.

On produit également en Suède des aciers cémentés en assez grande quantité.

Les prix des fers suédois n'ont pas baissé autant que ceux des fers des autres contrées, cela s'explique par les qualités spéciales qu'ont ces fers, qualités nécessaires pour certaines fabricatious et que l'on ne trouve pas ailleurs.

Malntenant que nous avons vu ce qu'est la

métallurgie dans cette terre classique du fer, donnons quelques renseignements sur quelques-uns des maisons qui ont envoyé des échantillons de leur fabrication à l'Exposition universelle.

COMPAGNIE BOFORS GULLSPANG

Les usines de la Compagnie comprennent toutes les diverses branches de la sidérurgie suédoise.

Ces usines sont situées à proximité des mines appartenant à la Compagnie.

Pour la fabrication du fer en verges, du fil de fer et des tôles, on ne se sert absolument que de fonte fabriquée au charbon de bois.

Les diverses fabrications sont réparties dans trois usines principales :

1° *Bofors* et *Bjorkborn;*
2° *Gullspang.*
3° *Wägsjöfors.*

Aux usines de Bofors et Bjorkborn on produit des fontes, du fer en lopins, du fer laminé et des tôles.

Ces deux usines sont situées à proximité du chemin de fer de *Nord-Carlskoga*, qui les relie aux mines de fer de la compagnie et à *Gullspang* près du grand lac Wenern, de là, par eau, elles sont en communication avec *Gothembourg* et les pays étrangers.

L'outillage du laminage se compose de cinq trains différents savoir :

1° Un laminoir pour faire des billettes.

2° Un gros mill pour le fer marchand.

3° Un petit mill pour le petit fer carré.

4° Un petit mill pour faire du petit fer rond (fer que l'on appelle « la machine »).

5° Un laminoir à tôles.

On se sert pour le réchauffage de fours à gaz Siemens.

Dans un atelier nouvellement construit on a installé deux fours Siemens-Martin pour la fabrication de l'acier doux.

La force motrice disponible s'élève à 1500 chevaux pour l'usine de Bofors et celle de Bjorkborn.

L'usine de Gullspang, située près du lac de Weneru, appartenant à la Compagnie, a à sa disposition des chutes d'eau considérables qui peuvent fournir une force motrice égale à 10,000 chevaux.

Cette usine ne produit que du fer martelé de deux feux de forge. Ce fer est exclusivement consommé dans le pays.

Comme on le voit, elle est peu considérable ; mais on a l'intention d'y installer un établissement qui, pour sa fabrication, emploierait comme combustible des houilles qui pourraient être apportées à bon marché, par eau, soit de Gothembourg, soit de l'étranger. Ce plan est ajourné, car quant à présent la réalisation est, paraît-il, difficile, en considération de la crise métallurgique que nous traversons.

A Wagsjofors on fabrique du fer martelé, également consommé dans le pays.

La compagnie occupe environ 400 ouvriers, la force motrice totale employée s'élève à 800 chevaux.

Les marques de cette compagnie sont : pour les fers: CBF et pour l'acier Siémens-Martin: BOFORS/SM^N.

Les minerais employés ont un rendement de 52 pour cent de fer environ.

La production totale s'est élevée en 1876, à :

3,387 tonnes de fonte.
7,238 tonnes de fer en lopins.
9,046 tonnes de fer en barres.
 515 tonnes de tôle, clous, etc.

Cette Compagnie avait exposé :

1° Des échantillons de minerais de fer.
2° Des échantillons de castine.
3° Des échantillons de charbon de bois.
4° Des échantillons de fonte au bois.
5° Des échantillons de laitier.
6° Des fers petits ronds, du fer rond, des fers plats et des tôles.

COMPTOIR DES FORGES DE STOCKHOLM
Exposition collective.

On remarquait tout d'abord à cette exposition des tôles de diverses provenances qui ont subi des essais aux frais du Comptoir des Forges dans le but de faire ressortir les qualités des matériaux suédois pour la fabrication de la tôle.

Divers établissements de Suède représentant les minerais suédois les plus caractéristiques avaient fourni les matériaux nécessaires à ces essais. Les épreuves n'ont été faites que sur du métal fondu ne tenant que 0,3 pour cent de carbone, métal très-propre à la fabrication des tôles pour navires.

Dans cette exposition collective, l'*usine d'Ankarsrum* exposait des fontes de moulage pour laminoirs, des croisements de voie fondus en coquille, dont un qui a servi dix ans à l'une des stations du chemin de fer de l'Etat.

Ce croisement de voie ne montrait pas de traces profondes d'usure.

Cette usine a été fondée en 1827; on commença par y fabriquer la fonte; ce ne fut qu'en 1855 qu'on y entreprit la fabrication du fer en barres.

Cet établissement occupe 1,000 ouvriers dont 375 femmes.

On remarquait ensuite :

LES ACIÉRIES DE DANNEMORA

Cette usine exposait des échantillons de minerai de Dannemora, des échantillons de fontes diverses, de laitiers, de fers en barres, d'aciers de cémentation et fondu.

LA COMPAGNIE DE DEGERFORS

L'usine de cette Compagnie a été fondée en 1862 par la Compagnie d'Olsboda et fut en 1870 acquise par la compagnie actuelle.

Elle a été depuis cette époque agrandie et son outillage a été amélioré. Cette usine se compose de deux hauts-fourneaux, de 10 foyers de la méthode Lancashire, 4 fours à puddler, 6 laminoirs pour la fabrication du fer en barres, de la tôle, etc., un marteau pilon à vapeur de la force de 4 tonnes, plusieurs cisailles également à vapeur.

La force motrice s'élève à 800 chevaux, cette force est fournie par l'eau.

Pour les fers en barres et petits fers on se sert de l'affinage au bas-foyer de la méthode de Lancashire. Pour la fabrication des tôles on emploie le fer puddlé.

Les tôles sont vendues dans le pays, mais le fer en barres et le petit-fer sont pour l'exportation. Les marques de la maison sont : pour les fontes et les laitiers deux cachets dont l'un porte un W et un C surmontés d'une couronne, l'autre un K et le signe + surmontés également d'une couronne ; pour le fer en barre deux cachets : le premier porte les lettres W. C surmontées d'une couronne, le second un N et un D surmontés également d'une couronne. Les petits fers dits *Forgis* portent comme marque un cachet rond avec ces mots : *DEGERFORS*,

WERMLAND, TRADJERN. La marque pour les tôles consiste en un seul cachet carré portant les lettres W. C. surmontées d'une couronne.

Le nombre des ouvriers employés s'élève à 316 hommes et 40 jeunes garçons.

La production totale, en 1876, s'est élevée à 7,096 tonnes.

Cette compagnie exposait : des échantillons de minerais de fer, des échantillons de fontes, de laitiers, de fers en barres et des tôles, quelques cassures montraient l'homogénéité du métal.

Tous les ouvriers de cet établissement sont logés gratuitement et leurs enfants sont instruits aux frais de la Compagdie.

L'USINE DE FINSPONG.

Cette usine date du dix-septième siècle. Elle consiste en fonderie de canons et de projectiles, ateliers et forges.

Comme combustible on ne se sert que de charbon de bois. La fonte de canons et de projectiles est remarquable par sa ténacité.

La force motrice est de 1,030 chevaux répartie entre moteurs à vapeur et hydrauliques.

Cette usine emploie 935 ouvriers. Elle avait exposé : des projectiles massifs (un de ces projectiles a servi), des projectiles creux, dont plusieurs sont fendus dans leur longueur, on remarquait une cassure grenue d'apparence aciéreuse, des échantillons de fonte et de minerais, des fontes à canon et à projectile dont nous avons parlé plus haut et dont nous avons trouvé des échantillons à l'Exposition, ces fontes ont un grain caractéristique qui tient évidemment au mode de refroidissement, c'est une fonte blanche parsemée de taches de fonte grise, ces fontes ne contiennent ni souffre ni phosphore, ou du moins en si petites quantités qu'elles sont inapréciables.

L'USINE DE FERNA.

L'usine de Ferna exposait des échantillons de minerais et de fonte spéculaires très-remarquable.

L'USINE DE FORSMARK.

Cette usine exposait : Des minerais de fer de Dannemora, des échantillons de fer en barres, de fontes et de laitiers.

L'USINE DE KARMANSBO.

Cette usine, fondée il y a plus de 200 ans, avait exposé : des échantillons de minerais de fer provenant des mines de Norberg et de Grangerberg, des échantillons de minerais grillés provenant des mêmes mines, des échantillons de fontes et de laitiers, des lopins soudés, des cassures de lopins (ces cassures montraient l'homogénéité du métal); des échantillons de fer en barres laminé, plusieurs de ces échantillons étaient cassés, ces cassures indiquaient un fer nerveux et parfaitement homogène. On remarquait encore des tôles laminées et du fil de fer. La production totale de cette usine s'est élevée en 1876 à 4,208 tonnes.

L'USINE DE KIHLAFORS.

L'usine de Kiklafors, créée en 1840, n'occupe que 64 ouvriers et ne dispose en force motrice que de 74 chevaux fournis par des appareils hydrauliques ; néanmoins la production totale s'est élevée en 1876, tant en fonte qu'en fer, à près de 2,000 tonnes.

Cette usine avait exposé des échantillons de minerais de fer provenant de Hammarin et de Ramhall, des échantillons de minerais grillés provenant des mêmes exploitations, des échantillons de fonte blanche et de laitiers, des échantillons de fonte grise ; cette fonte est coulée à air chaud à une température d'environ 200 degrés. Comme elle contient 2 pour cent de manganèse, elle est employée avec avantage à la fabrication du Bessemer.

LA COMPAGNIE DE LARSBONORN

Cette Société avait exposé des échantillons de fontes et laitiers, des lopins de fer et des échantillons de fer en barres, ainsi que des spécimens d'acier produit par la méthode *Uchatius*.

La production totale annuelle de cette usine atteint plus de 7,000 tonnes.

LA COMPAGNIE DE LESJOFORS

Cette Compagnie avait exposé des échantillons de minerais de fer provenant de Persberg et de Lângban, des échantillons de fontes et de laitiers, des lingots d'acier Martin, des lopins, des fers martelés et laminés... etc.

Le haut-fourneau de cette usine est très-ancien, il fonctionne depuis plus de 200 ans, en 1854 seulement, les laminoirs ont été installés. Elle occupe environ 150 ouvriers et elle possède une force motrice s'élevant à peu près à 250 chevaux. Sa production totale s'est élevée, en 1876, à plus de 4,000 tonnes de fontes, fers et aciers.

LA COMPAGNIE DES ATELIERS ET CHANTIERS DE MOTALA

Au commencement du siècle on résolut de réunir la mer Baltique à la mer du Nord par un canal qui traverserait la Suède centrale, on créa alors pour la fabrication des outils nécessaires à cette entreprise un vaste atelier à Motala, sur la ligne occidentale du « Gota-Kanal. »

En 1824, la compagnie obtint du gouvernement l'autorisation de construire des bâtiments, navires de toutes espèces. A partir de cette époque l'établissement de Motala se développa rapidement et en 1840 il devenait la propriété d'une autre compagnie qui créa sur les bords de la mer des chantiers de construction pour des navires de grandes dimensions. En 1858 cette Compagnie devint propriétaire de docks et d'ateliers près de Gothembourg et en 1875 de l'usine de Bangbro avec des mines de fer.

Examinons les divers établissements de la société de Motala.

1° Établissement de Motala. — Cet établissement situé sur le canal dans la partie de la Suède la plus peuplée et la plus fertile a à sa disposition de nombreuses chutes d'eau qui lui sont fournies par la rivière « *Motala Strom* », ces chutes d'eau forment une grande partie de la force motrice qui lui est utile.

Cet établissement se compose des ateliers suivants :

1° Ateliers des laminoirs ;
2° Atelier de la forge;
3° Aciérie;
4° Souffleries;

5° Fonderie ;

6° Atelier pour la fabrication des machines ;

7° Atelier pour la fabrication des roues et des essieux ;

8° Atelier de grosse chaudronnerie ;

9° Menuiserie ;

10° Usine à gaz.

L'atelier des laminoirs comprend :

1° Un laminoir pour le fer ébauché.
   Une machine à cingler.
   Un marteau pilon à vapeur.
   Douze fours à puddler.
   Un four Danks.
   Six chaudières à vapeur.

2° Un laminoir pour le fer en barres, un pour les rails et un pour les fers marchands.
   Deux machines à couper.
   Deux cisailles.
   Sept fours à réchauffer.
   Un laminoir pour le fer appelé dans le commerce « *fer carillon.* »
   Une cisaille.
   Une machine à poinçonner.

3° Deux laminoirs à tôle.
   Quatre cisailles.
   Dix fours à réchauffer.

4° Un laminoir pour bandages.
   Deux fours à réchauffer.

La *forge* comprend :

Un marteau à vapeur de neuf tonnes.

Un marteau à vapeur de trois tonnes.

Quatre grues.

Trois fours à réchauffer.

Cinq chaudières à vapeur.

L'*aciérie* consiste en trois fours Siemens-Martin.

Quinze cylindres soufflants composent la *soufflerie*.

La *fonderie* comprend :

Cinq fourneaux à manche.

Deux fourneaux de dessiccation.

Trois grandes fosses pour fondre les grosses pièces.

Quatre grues.

Une machine soufflante rotative.

L'atelier pour la construction des machines se compose de :

58 tours, 20 machines à forer, machines à couper les roues dentées, machines à limer, etc.

L'atelier de la fabrication des roues et des essieux de wagon et de locomotive comprend :

Trois marteaux pilons à vapeur ;

Vingt-six feux de forgeron ;

Treize grues ;

Six tours pour roues et essieux ;

Cinq machines à forer ;

Un ventilateur.

L'atelier de chaudronnerie comprend :

Trois machines à cintrer.

Une machine à river hydraulique.

Treize machines à tarauder.

Deux tours.

Quatre machines à fabriquer les rivets.

Trois petits marteanx à vapeur.

Quatre fours à réchauffer la tôle avant le cintrage.

Trente-huit feux de forge.

Deux chaudières à vapeur.

Douze machines outils diverses composent l'*atelier de menuiserie*.

La *force motrice* se compose de :

1° Quatre roues hydrauliques d'une force de 428 chevaux.

2° Huit turbines d'une force totale de 356 chevaux.

3° De 6 machines à vapeur de la force de 100 chevaux.

Comme combustibles on se sert de charbon de bois, de coke et de tourbe. Cette dernière est employée pour le puddlage du fer ét de l'acier au moyen de fours Siemens-Ludin dont nous avons parlé plus haut.

La Compagnie possède, en outre, pour ses transports : quatre bateaux à vapeur et quatre voiliers.

Le nombre des ouvriers employés dans ces usines varie de 1200 à 1400.

2° Ateliers et docks de Lindholmen. — Cet établissement est situé sur les côtes occidentales de la Suède, près de Gothembourg, dont le port est ouvert aux plus grands navires. C'est, en son genre, le plus vaste établissement de la Suède.

Il comprend les ateliers suivants :

1º La fonderie.
2º L'atelier pour la fabrication des machines.
3º La chaudronnerie.
4º La menuiserie.

La compagnie est également propriétaire d'un bassin de construction et de radoub taillé en plein roc, ce bassin a 98 mètres de long, 11 mètres de large et 6 mètres de profondeur.

La *fonderis* comprend :
Trois fourneaux à manche.
Deux grues.
Un ventilateur.

L'*atelier de construction* se compose de :
Trois machines à évider.
Vingt-neuf tours.
Onze machines à planer.
Vingt-cinq machines à forer.

La *chaudronnerie* consiste en :
Trois machines à cintrer.
Onze machines à couper.
Un marteau à vapeur.
Deux fourneaux pour chauffer la tôle avant de la cintrer.
Cinquante et un feux de forges.
La force motrice est donnée par quatre machines à vapeur d'une force motrice de 100 chevaux.
Cette usine occupe actuellement 750 ouvriers.

3º **Ateliers de Norrkoping**.— Cette usine est placée près de la ville de Norrkoping, sur les côtes de la mer Baltique, à l'endroit où la rivière le « Motala Strom » se jette dans le golfe de Braviken.

Cette usine comprend :

1º Un atelier de constructions.

2º Une menuiserie.

3º Une chaudronnerie, qui se compose, comme outillage : d'une machine à cintrer, de quatre machines à couper, d'une machine à planer, d'un marteau à vapeur, de deux fours à chauffer la tôle pour le cintrage et, enfin, de quatre grues.

En outre, un bassin de radoub et ses engins appartiennent à la Compagnie.

Le nombre d'ouvriers employés s'élève à 275.

4º **Usine de Baugbro**. — La Compagnie de Motala a acquis cette usine 'en 1875, elle est située au centre des districts miniers les plus riches de la Suède, à proximité de vastes forêts. Elle renferme :

1º Deux hauts-fourneaux d'une capacité de 8,400 tonnes de fonte. Deux autres fourneaux sont en construction et vont bientôt être mis en feux.

2º Deux convertisseurs Bessemer avec grues et outillage complet ;

3º Trois machines soufflantes ;

4º Un atelier de constructions et de réparations ;

5º Une scierie ;

6º Une briqueterie ;

7º Un laboratoire.

En outre, la Compagnie est propriétaire des mines de Stallberojsgrufvan, de Norra Angesgrufvan... etc.

La force motrice se compose de cinq turbines de 850 chevaux de force totale. On construit en ce moment une nouvelle machine hydraulique de 300 chevaux destinée à faire mouvoir un laminoir.

On se sert pour les hauts-fourneaux exclusivement du charbon de bois.

L'établissement occupe 300 ouvriers.

La Compagnie de Motala avait fabriqué, à la fin de 1875, un total de 400 bateaux à vapeur et 280 machines à vapeur avec chaudières.

Nous nous sommes étendus un peu sur cette Compagnie, comme étant la plus importante maison scandinave.

Elle exposait des échantillons de fer en barres, de lopins, et d'acier Bessemer. L'examen de ces produits montre le soin avec lequel ils sont fabriqués.

L'usine de Nissafors.— Cet établissement exposait : des échantillons de minerais magnétiques, des échantillons de minerais grillés, des échantillons de castine, des fontes et des laitiers, des fers en barres.

L'usine de Nissafors date de 1712.

Le haut-fourneau qui fournit la fonte pour

l'affinage est situé à Rasjo, dans le gouvernement de Jonkoping.

La force motrice, fournie par des moteurs hydrauliques, n'est que de 90 chevaux.

Une quarantaine d'ouvriers seulement sont employés dans cet établissement.

L'usine de Ramnas. — Les hauts-fourneaux qui approvisionnent cette usine de fonte sont situés à Seglingsberg.

La production totale annuelle s'élève à 4,650 tonnes de fonte et 5,350 tonnes de fer en barres.

Cette usine avait exposé des échantillons de minerais provenant des mines de Kolningsberg, dans le district de Norrberg, des échantillons de fontes et de laitiers, des barres de fer laminés.

La Compagnie de Stora-Pottarberg avait exposé des échantillons de minerais provenant des mines de fer de Byberg, Grasberg, Tinua-Hastberg, Ronnue et Vintjern ; des échantillons de minerais grillés de la même provenance, des fontes diverses et laitiers et des fers en barres de différentes marques.

Les hauts-fourneaux de cette compagnie sont à Ag et à Lofsjo.

La Compagnie de Storsfors avait exposé des échantillons de minerais de fer provenant de Persberg et de Wroppa, des échantillons de fontes, de laitiers et d'acier Bessemer.

LA COMPAGNIE DE L'USINE DE SURAHAMMAR.

Cette usine avait exposé des fers en barre de la tôle, des essieux et des roues pour wagons de chemin de fer.

L'affinage de la fonte s'opère dans cette usine par le puddlage. Les fours à puddler sont chauffés au bois ou à la tourbe. Une partie des tôles sont fabriquées avec du Bessemer provenant du dehors.

La production annuelle s'élève à :

1,000 tonnes de tôle.

1,100 tonnes de roues et essieux.

Le nombre d'onvriers employés est de 200.

L'usine de Svarta. — Cet établissement avait exposé : des échantillons de minerai de fer, de minerais grillés, de fontes et de laitiers, des lopins de fer en barres, du fil de fer. La fondation de cette usine date de l'an 1658.

Elle emploie 99 ouvriers et elle a à sa disposition une force motrice hydraulique de 210 chevaux. En 1876, la production de l'usine s'est élevée à :

2.757 tonnes de fonte ;

2.301 tonnes de lopins de fer ;

1.446 tonnes de fer en barres.

L'usine de Soderfors avait exposé également des échantillons de minerais de fer naturels et grillés, des fontes, des lopins de fer en barres, des ancres pour vaisseaux, etc...

Citons pour terminer l'usine de **Charlotten-berg** qui exposait des échantillons de minerai de fer, de la fonte, du fer en barres laminé et des clous de fer.

Cette usine fonctionne depuis 1861, elle occupe 186 hommes. La force motrice qui lui est nécessaire est fournie par des moteurs hydrauliques de 230 chevaux et par une machine à vapeur de 20 chevaux.

ALLEMAGNE

Bien que cette nation n'ait pas jugé à propos d'exposer ses produits à la plus splendide des Expositions internationales. Sa production en fer est trop importante pour que nous la passions sous silence et nous allons dire quelques mots sur la métallurgie du fer en ce pays.

Au moyen-âge, dans le quatorzième siècle, l'industrie du fer en Allemagne était relativement avancée; les besoins étaient restreints à cette époque et étaient loin d'avoir l'importance de ceux d'aujourd'hui; en conséquence la production était fort limitée et le développement de l'industrie du fer, quoique relativement important en Allemagne, n'était pas à comparer avec celui de nos jours.

La ligue hanséatique allemande, qui était maîtresse sur tout le littoral, tenait en mains le commerce des fers.

Les Allemands avec leurs richesses de charbon et de minerai, ne se seraient jamais imaginés à cette époque qu'un jour viendrait où l'Angleterre serait fournisseur du monde entier.

Une des principales causes qui a fait que l'industrie allemande n'est pas restée à la tête de celles des autres nations, est la désunion politique qui a régné jusqu'en ces derniers temps, désunion qu'on a tant de peine à anéantir et qui subsistera encore bien longtemps en dépit de tout système.

La crise qne traverse la métallurgie est encore bien plus aiguë en Allemagne que dans les autres contrées. Cette situation critique a été évidemment créée par la supprossion du droit d'importation.

La production de minerai de fer s'est élevée dans l'empire d'Allemagne pendant l'année 1875 à 4,730,352 tonnes.

On trouve en cette contrée différentes espèces de minerais qui sont :

1° *La limonite* donnant 35 pour cent de fer brut.

2° *Le fer spathique* donnant 25 pour cent.

3° *Le fer carbonaté lithoide* ne donnant que 18 pour cent.

4° *Le fer magnétique* donnant 30 pour cent.

Les minerais à Bessemer sont très-rares en Allemagne. Aussi les aciéries allemandes sont-elles obligées de se fournir de minerais venant d'Espagne, de l'île d'Elbe et d'Algérie.

La production du fer s'est élevée à 2,240,575 tonnes en 1873 et à 1,846,345 tonnes en 1876.

297 hauts-fourneaux sont en exploitation ; sur ce nombre, 198 marchent au charbon de terre ou au coke et 86 au charbon de bois.

L'Allemagne ne possédait encore en 1856 que deux aciéries, l'une à Essen, l'autre à Bochum.

Grâce à l'invention de Bessemer, à celle de Siemens et Martin, il a bien fallu que l'Allemagne entre dans la nouvelle voie de fabrication que traçait la généralisation de l'emploi de l'acier; aussi, depuis 1865 de nombreuses aciéries se sont-elles créées. En outre, des progrès remarquables ont été réalisés; ainsi, on est arrivé à utiliser les minerais du pays, qui sont pour la plupart très-phosphoreux, tout en fabriquant de très-bons produits.

Nous allons voir avec quelle rapidité la fabrication de l'acier s'est accrue en Allemagne. Ainsi: en 1848 la production annuelle s'élevait à 9,024 tonnes; vingt ans après, en 1868, cette production atteignait 122,319 tonnes et maintenant elle dépasse 400,000 tonnes.

Le nombre d'ouvriers employés à la fabrication de l'acier, qui était en 1848 de 1,332, s'élève au moins aujourd'hui à 20,000.

La fabrication des rails en acier tend de plus en plus, en Allemagne comme partout du reste, à remplacer celle des rails en fer.

En 1871, la fabrication des rails en fer s'élevait à 320,619 tonnes, celle des rails en acier à 122,406 tonnes.

Cinq ans plus tard, en 1876, la fabrication des rails en fer n'était plus que de 126,228 tonnes et celle des rails en acier s'élevait à 253,746 tonnes.

La tréfilerie allemande qui, du reste, jouit d'une certaine réputation, a progressé rapidement depuis 1848.

A cette époque, la production de fil de fer

était annuellement de 5,396 tonnes ; en 1876, elle s'est élevée à 139.516 tonnes.

La tôle n'a pas moins progressé ; en 1848 on produisait 8,929 tonnes de tôles en tous genres, y compris le fer blanc ; en 1876, cette production a atteint 109,493 tonnes.

Quelle sera dans l'avenir la situation sidérurgique de l'Allemagne ? Ira-t-elle en progressant ? Il est permis d'en douter en songeant que les pays voisins de cet empire, tels que la France et l'Angleterre, loin de suivre la voie dans laquelle l'Allemagne est entrée, paraissent au contraire disposés à augmenter les tarifs douaniers, afin de protéger de plus en plus l'industrie indigène.

AUTRICHE - HONGRIE

Les minerais de fer de bonne qualité se trouvent en grande quantité en Autriche-Hongrie. L'extraction de ces minerais s'étend à presque toutes les provinces de cette contrée. Aussi l'Autriche-Hongrie n'est pas un acquéreur de minerais à l'étranger.

La sidérurgie se divise, en ce pays, en trois groupes, dont chacun est en possession des matières premières nécessaires à la fabrication du fer brut.

Le premier groupe est le plus important; il comprend : La Styrie, la Carinthie, la Carniole, le Tyrol, la Haute et la Basse-Autriche.

Le deuxième groupe comprend :

La Bohème, la Moravie et la Silésie.

Et enfin le troisième groupe renferme les pays carpathes comprenant la Hongrie, la Transylvanie, la Galicie et les confins militaires.

Au point de vue de la qualité et de la quantité, la Styrie et la Carinthie sont les provinces qui tiennent la tête du premier groupe.

Les célèbres mines d'Eisenerez et de Huettenberg, dont l'exploitation remonte à plus de mille ans, se trouvent dans ces provinces.

On estime que ces mines ne seront pas épui-
sées avant un millier d'années, en admettant
même toute progression supposable.

M. S. G. Kolh fait remonter bien plus haut
encore la mise en exploitation de ces mines
car il assure comme un fait incontestable que
les premiers Romains fabriquèrent leurs armes
avec les minerais provenant d'Eisenerez et de
Huettenberg, ce qui est bien possible attendu
que ces deux provinces (la Styrie et la Carinthie) furent une des premières conquêtes ro-
maines.

On a extrait de ces deux mines, à peu près
en moyenne, 300,000 tonnes par an.

Les minerais extraits de ces mines sont généralement grillés, cette opération faite ils donnent environ 50 pour cent de fer.

Citons encore les deux mines de fer de Ma-
riazel et de Neuberg dont l'exploitation remonte à l'an 1025, affirmation tirée de certains
documents datant de ce temps.

Les minerais extraits de ces mines sont inférieurs comme qualité aux précédents.

En Bohême, on rencontre beaucoup de fer
oligiste rouge et du fer carboné lithoïde.

L'extraction des minerais en Bohême remonte
fort avant dans l'antiquité, atendu qu'en l'an
677 on extrayait du minerai aux environs de
Caslau.

Les dépôts les plus remarquables de la
Bohême sont ceux de Nusie, exploité par la
Société « *Eisen-Industrie-Gesellschaft* » de
Prague et ceux de Krusnahora.

Les minerais de la Moravie et de la Silésie sont moins abondants et de moins bonne qualité que les précédents, mais ils ont l'avantage de se trouver à proximité de houillères importantes qui fournissent le coke nécessaire à leur réduction.

De 1851 à 1873, la production totale annuelle de minerai dans l'empire s'est élevée de 573,079 tonnes à 1,588,256. De 1873 à 1876, cette production s'est abaissée à 902,221 tonnes.

Cette production totale se répartit ainsi :

La Styrie, ayant trente-quatre établissements, dont quatorze en exploitation, produit annuellement. . . . . 280.938 tonnes.

La Carinthie, possédant dix établissements, dont 8 en exploitation, produit annuellement . . . . 113.687 »

La Bohême, possédant cent huit établissements, dont trente-un seulement en exploitation, produit annuellement. . . . 69.281 »

La Moravie possédant 22 établissements dont 12 seulement sont exploités, produit annuellement. . . . . 60.514 »

La Carniole possédant 19 établissements n'en ayant que dix en exploitation, produit annuellement. . . . . 9.806 »

La Silésie possédant onze établissements dont quatre en exploitation produit annuellement . . . . 8.106 tonnes.

La Galicie avec treize établissements dont quatre en exploitation ne produit que. . . . 4.559 »

Le Tyrol avec sept établissements dont trois en exploitation produit . . . . 3.767 »

Le duché de Salzbourg avec sept établissements dont deux en exploitation donne. . . . 2.753 »

La Bukovine a deux établissements en exploitation donnant . . . . 1.454 »

La Basse-Autriche a nn établissement en exploitation sur six qui donne . . . . 97 »

La Hongrie possède 243 établissements dont 91 sont en exploitation produisant annuellement . . . . 347.456 »

En Autriche-Hongrie, malgré la quantité prodigieuse de minerais que ce pays renferme, l'industrie sidérurgique ne peut néanmoins s'accroître dans les mêmes proportions que l'augmentation des besoins. Cet état de choses provient de ce que le comhustible minéral manquant, on est obligé de se servir dans bien des provinces exclusivement du charbon de bois.

Quant aux minerais, la preuve la plus grande

qu'on puisse donner de leur bonne qualité, c'est que de 1873 à 1876 il en a été exporté en Allemagne de grandes quantités. Jusqu'en 1838, la réduction du minerai s'était toujours faite, au charbon de bois, depuis cette époque, les hauts-neaux au coke sont devenus assez communs.

La production annuelle du fer brut s'est élevée, de 1840 à 1873, de 127,307 tonnes à 534,507 ; de 1873 à 1876, cette production s'est abaissée à 400,426 tonnes.

Ce chiffre de 400,426 se répartit ainsi entre les différentes provinces :

La *Styrie* a eu, en 1876, 28 hauts-fourneaux en feux qui ont fourni la fonte nécessaire pour produire 114,335 tonnes de fer brut et 2,285 tonnes de fonte employée pour le moulage.

La *Carinthie* a eu, en 1876, 15 hauts-fourneaux en feux qui ont donné la fonte nécessaire à la production de 44,232 tonnes de fer brut et 448 tonnes de fonte pour moulage.

La *Bohême* a eu dix-sept hauts-fourneaux en feux. Ces hauts-fourneaux ont fourni la fonte nécessaire à la production de 22,631 tonnes de fer brut et 20,566 tonnes de fonte pour le moulage et l'exportation.

La *Moravie*, avec 11 hauts-fourneaux en activité, a donné la fonte nécessaire à la fabrication de 16,186 tonnes de fer brut et 10,578 tonnes pour le moulage et l'exportation.

La *Silésie*, avec 6 hauts-fourneaux seulement, a fourni la fonte nécessaire à la fabrication de 18,395 tonnes de fer brut et 2,345 tonnes de fonte pour le moulage et l'exportation.

La *Basse-Autriche* n'a eu que deux hauts-fourneaux en activité qui ont donné la fonte nécessaire pour la production de 8,727 tonnes de fer brut et 45 tonnes de fonte de moulage.

La *Carniole*, avec sept hauts-fourneaux en activité, a donné 3,150 tonnes de fer brut et 871 tonnes de fonte pour moulage.

Le Tyrol possèdait trois hauts-fourneaux en activité ayant donné 2,531 tonnes de fer brut et 718 tonnes de fonte moulée.

La *Galicie* possède trois hauts-fourneaux en activité donnant la fonte nécessaire à la fabrication de 775 tonnes de fer brut et 2,282 tonnes de fonte pour le moulage ou l'exportation.

Le duché de Salzbourg avait deux hauts-fourneaux en activité ayant produit la fonte nécessaire pour fabriquer 1741 tonnes de fer brut et 9 tonnes de fonte moulée.

La *Bukovine* avait un haut-fourneau ayant donné 213 tonnes de fonte.

La *Hongrie* possédait 56 hauts fourneaux en exploitation, qui ont fourni 98,873 tonnes de fer brut et 9,532 tonnes de fonte pour le moulage et l'exportation.

La *Transylvanie* avec 12 hauts-fourneaux a livré 17,135 tonnes de fer brut et 793 tonnes de fonte pour moulage.

La *Crotie* avec 3 hauts-fourneaux fournit 1,038 tonnes de fer brut et 9 tonnes de fonte moulée.

Comme on le voit par la répartition que nous venons d'établir, c'est la Styrie qui produit le plus avec moins de hauts-fourneaux en activité comparativement aux aûtres.

Anciennement l'affinage de la fonte s'effectuait presque dans toutes les usines au moyen de l'antique méthode des bas foyers au charbon de bois ; actuellement ce mode est remplacé presque partout par le puddlage au moyen de fours chauffés à la houille, à la tourbe et au gaz.

La fabrication de la tôle et du fil de fer est pour ainsi dire nulle, cependant il y a quelques productions de tôle Bessemer.

Comme nous l'avons vu dans la répartition ci-dessus, les fontes moulées entrent pour un chiffre assez important.

Quant à l'acier, le procédé Bessemer est très-répandu en Autriche-Hongrie et on peut dire que, vu la qualité des minerais, c'est là le véritable avenir de la sidérurgie austro-hongroise.

La première aciérie Bessemer a été construite à Turrach, dans la Styrie supérieure, en 1862; depuis cette époque, le nombre d'établissements de ce genre s'est élevé à 13 avec un nombre total de 32 convertisseurs.

La plus importante des aciéries Bessemer en Autriche Hongrie est actuellement celle de Ternitz dans la Basse-Autriche. Elle possède 6 convertisseurs.

Chaque charge de ces six convertisseurs produit environ *trente-cinq* tonnes d'acier.

Nous allons donner le relevé de la fabrication d'acier Bessemer en Autriche-Hongrie depuis 1864 jusqu'à 1877 :

1864. — Deux aciéries : une à *Turrach,* en *Styrie,* avec

trois convertisseurs ayant donné 109 tonnes d'acier ; une à *Heft*, en *Carinthie* avec deux convertisseurs ayant produit 197 tonnes d'acier

Total pour l'année 1864. 306 tonnes.

1865.— Quatre aciéries : celle de *Turrach*, en *Styrie*, avec 3 convertisseurs ayant produit 211 tonnes ; celle de *Neuberg*, en *Styrie*, avec deux convertisseurs ayant produit 791 tonnes; celle de *Graz*, en *Styrie*, avec deux convertisseurs, ayant produit 1.895 tonnes ; et enfin celle de *Heft*, en *Carinthie*, ayant produit 645 tonnes d'acier.

Total pour l'année 1865. 3.545 »

1866. — Cinq aciéries : celle de *Turrach* avec 3 convertisseurs, ayant produit 308 tonnes d'acier; celle de *Neuberg* avec deux convertisseurs ayant produit 1718 tonnes ; celle de *Graz* avec 2 convertisseurs ayant donné 2.906 tonnes; celle de *Heft* avec deux convertisseurs ayant donné 4 379 tonnes; celle de *Witkowitz*, en Moravie, avec trois convertisseurs ayant produit 524 tonnes.

Total pour l'année 1866. 6.835 »

1867. — Le même nombre et les mêmes usines que l'année précédente avec les productions suivantes : *Witkowitz*, 1,585 tonnes ; *Turrach*, 724 tonnes ; *Neuberg*, 2,824 tonnes ; *Graz*, 1,396 et *Heft*, 1,236 tonnes.

Total pour l'année 1867 .   · 8.765 tonnes.

1868. — Sept aciéries : *Witkowitz* avec 3 convertisseurs ayant produit 2.727 tonnes; *Ternitz* dans la *Basse-Autriche,* avec 6 convertisseurs, ayant produit 3,346 tonnes ; *Turrach,* avec 3 convertisseurs, ayant donné 547 tonnes ; *Neuberg,* avec 2 convertisseurs ayant donné 3,090 tonnes d'acier ; *Graz*, avec deux convertisseurs ayant donné 3,294 tonnes, *Heft,* avec deux convertisseurs ayant donné 1,304 tonnes ; et *Reschitza*, en *Hongrie*, avec deux convertisseurs ayant donné 287 tonnes.

Total pour l'année 1868.   14.495   »

1869. — Le même nombre et les mêmes usines que l'année précédente, avec les productions suivantes : *Wiktowitz*, 3,200 tonnes, *Ternitz* 7144 tonnes, *Turrach* 464, *Neuberg* 3,112,

Graz 3,166 tonnes, *Heft* 1.217. *Reschitza* 2,389.

Total pour l'année 1869. 20.722 tonnes.

1870. — Même nombre et mêmes usines que précédemment, avec les productions suivantes: *Witkowitz* 3,200 tonnes, *Ternitz* 6,055 tonnes, *Turrach* 607 tonnes, *Neuberg* 3,980 tonnes, *Graz* 3.878 tonnes, *Heft* 764 tonnes, *Reschitza* 3,628 tonnes.

Total pour l'année 1870. 22.112 »

1871. — Huit aciéries : *Witkowitz*, avec 3 convertisseurs produisant 3,278 tonnes; *Ternitz*, avec 6 convertisseurs ayant donné 10,565 · tonnes ; *Turrach*, avec 3 convertisseurs ayant produit 1,145 tonnes ; *Neuberg*, avec deux convertisseurs ayant produit 5,261 tonnes, *Graz*, avec deux convertisseurs ayant produit 4,557 tonnes ; *Zeltweg*, en Styrie, avec deux convertisseurs, ayant donné 1,327 tonnes ; *Heft*, avec deux convertisseurs, ayant donné 3,102 tonnes ; *Reschitza*, avec deux convertisseurs, ayant donné 6,257 tonnes.

Total pour l'année 1871. 35.512 »

1872. — Le même nombre et les mêmes usines que l'année précédente, avec les productions suivantes : *Witkowitz* 3,800 tonnes, *Ternitz* 20,514 tonnes, *Turrach* 901 tonnes, *Neuberg* 5,697 tonnes, *Graz* 5,063 tonnes, *Zeltweg* 7,142 tonnes, *Heft* 7,189 tonnes, *Reschitza* 7,098 tonnes.

Total pour l'année 1872.   55.404 tonnes.

1873. — Dix aciéries : *Teplitz* en *Bohême* avec deux convertisseurs ayant donné 2,934 tonnes, *Witkowitz* 5,570 tonnes, *Ternitz* 29,849 tonnes, *Turrach* 1,432 tonnes, *Neuberg* 4,435 tonnes, *Graz* 4,503 tonnes, *Zeltweg* 9,480 tonnes, *Graz* (2) en Styrie avec deux convertisseurs ayant donné 1,990 tonnes, *Heft* 7,588 tonnes, *Reschitza* 9,040 tonnes.

Total pour l'année 1873.   76.821   »

1874. — Le même nombre et les mêmes usines que l'année précédente avec les productions suivantes : *Teplitz* 9,963 tonnes, *Witkowitz* 6,630 tonnes, *Ternitz* 34,127 tonnes, *Turrach* 897 tonnes, *Neuberg* 3,607 tonnes, *Graz* 3,659 tonnes, *Zeltweg* 11,358 tonnes, *Graz* (2) 7,255 tonnes, *Heft* 10,160 tonnes, *Reschitza* 9,302 tonnes.

Total pour l'année 1874. 96.958 tonnes.

1875. — Douze aciéries : *Teplitz* 9,270 tonnes, *Kladno* en *Bohême* avec deux convertisseurs 921 tonnes, *Witkowitz* 7,197 tonnes, *Teschen* en *Silésie* avec deux convertisseurs 3,163 tonnes, *Ternitz* 19,395 tonnes, *Turrach* 1,081 tonnes, *Neuberg* 3,238 tonnes, *Graz* 3,710 tonnes, *Zeltweg* 7,480 tonnes, *Graz* (2) 11,335 tonnes, *Heft* 10,613 tonnes, *Reschitza* 13,203 tonnes.

Total pour l'année 1875. 87.443 »

1876. — Treize aciéries: *Teplitz* 11,835 tonnes, *Kladno* 7,635 tonnes, *Witkowitz* 2,734 tonnes, *Teschen* 5.113 tonnes, *Ternitz* 15,606 tonnes, *Turrach* 1,419 tonnes, *Neuberg* 3,834 tonnes, *Graz* 5,196 tonnes, *Zeltweg* 6,653 tonnes, *Graz* (2) 3,350 tonnes, *Heft* 9,192 tonnes, *Pravali* en *Carinthie* avec deux convertisseurs ayant produit 340 tonnes, *Reschitza* 22,132 tonnes.

Total pour l'année 1876. 89.926 »

1877. — En cette année deux

aciéries ont éteint leurs feux, ce sont celles de *Graz*, en *Styrie* ; il ne reste donc plus que 11 aciéries qui ont produit savoir : *Teplitz*, 12.235 tonnes; *Kladno*, 8,913 ; *Witkowitz*, 12,280 ; *Teschen*, 5,252 ; *Ternitz*, 14,403 ; *Turrach*, 1,267; *Neuberg*, 3,602; *Zeltweg*, 10,530 ; *Heft*, 10,301 ; *Pravaly*, 5,793; *Reschitza*, 17,646 tonnes.

Total pour l'année 1877.   97.460 tonnes.

Comme on vient de le voir, la Hongrie ne possède qu'une seule aciérie.

La fabrication des rails a fait de grands progrès en Autriche ; néanmoins, la production indigène était loin d'atteindre il y a deux ans la consommation; en effet, en 1876 il a été importé en Autriche 116,813 tonnes représentant une valeur de 28,602,000 francs.

Actuellement la situation est bien améliorée, car, à la fin de 1877, 17 laminoirs s'occupaient de la fabrication des rails, ce qui est suffisant pour produire le nombre de rails nécessaire à l'empire.

L'avenir de l'Autriche au point de vue de l'industrie du fer est bien moins sombre que pour d'autres nations, car, quoique considérable, sa production ne dépasse pas à beaucoup près sa consommation.

Donc, améliorer les procédés de fabrication pour produire des qualités extra et non la grande quantité, voilà le but réellement sage et économique vers lequel la sidérurgie austro hongroise doit tendre.

L'exposition des produits métallurgiques était dans cette section fort bien aménagée les échantillons de minerais, de fer brut, de cassure de fer et d'aciers étaient méthodiquement classés, dans des vitrines, chaque pièce munie d'une étiquette qui en indiquait la provenance, la composition et l'usage.

Nous allons donner quelques renseignements sur les principaux établissements qui ont exposé :

Société autrichienne I. R. P. des Chemins de Fer de l'État. — Cette société est constituée depuis l'année 1855, elle est concessionnaire :

1° De 1,164 kilomètres de chemin de fer.

2° Du domaine du Banat, situé dans le comitat de Krasso, en Hongrie ; ce domaine a une superficie de 130,000 hectares, il renferme des mines, des usines à fer, des mines et usines de divers métaux, des houillères, des forêts d'une étendue de 90,000 hectares.

3° Des houillères de Kladno, en Bohême.

4° Du chemin de fer de Vienne à Raab.

5° Des ateliers de construction de locomotives à Vienne.

Depuis la fondation de la Société plus de 800 kilomètres de chemins de fer ont été construits.

Dans le Banat, 70 kilomètres de chemin de

fer à voie étroite, 100 kilomètres de chemins de fer souterrains pour l'exploitation des mines ont été construits également depuis cette époque.

On a créé de nouvelles usines, celles qui existaient ont été agrandies, transformées.

La Société occupe environ 40,000 employés, agents et ouvriers.

Les domaines du Banat faisant partie en entier du comitat de *Krasso*, sont situés à l'extrémité sud-est de la Hongrie ; ces domaines ont dans leur plus grande longueur, du sud au nord : 91 kilomètres ; leur largeur est à peu près de 46 kilomètres. Les domaines sont mis en relation avec Vienne au moyen du chemin de fer exploité par la Société.

Trois rivières traversent le Banat ; ce sont : La *Bersava*, la *Karas* et la *Nera* (voir une carte de la Hongrie) ; des barrages sont installés, de telle manière que ces trois rivières sont utilisées pour le transport des bois à carboniser pour les diverses fabrications métallurgiques. En outre elles fournissent l'eau nécessaire aux divers établissements qui se trouvent sur leur passage.

Les forêts appartiennent exclusivement à la Société, celle-ci a en outre des droits seigneuriaux sur tout paysan propriétaire d'un terrain quelconque.

Comme on le voit, cette Société est une véritable puissance féodale. Mais ne nous laissons pas entrainer dans toutes ces considérations qui sont sans aucun doute fort intéressantes, mais qui nous forceraient à sortir de notre sujet; faisons la description des établissements sidérurgiques qui se trouvent dans ces domaines.

District de Reschitza. — Les établissements de *Reschitza* sont les plns considérables de l'empire, aussi, allons-nous entrer dans quelques détails à leur sujet. Ils sont situés sur la rivière la *Berzava*, au nord des domaines.

Un haut-fourneau, établi à *Bogsan*, les mines de fer de *Moravitza* et *Tirnova*, houillères de *Doman* et de *Szecul* font partie des établissements de *Reschitza*.

Le bois nècessaire aux travaux des usines est fourni par 27,000 hectares de forêts. Le transport de ces bois se fait au moyen du flottage sur la *Berzava* et d'un chemin de fer à voie étroite de 65 kilomètres de longueur.

L'industrie du fer existe depuis bien longtemps déjà à *Reschitza*.

Les deux premiers hauts-fourneaux de la contrée furent installés en 1767; la fonte qu'ils produisaient étaiτ en grande partie employée à la fabrication de projectiles et d'appareils de chauffage, le reste était livré aux feux d'affinerie des environs.

Un atelier de construction fut établi en 1841, et en 1845 on installait des fours à puddler et des laminoirs; des événements politiques retardèrent le développement de cet établissement jusqu'en 1852, époque à partir de laquelle il alla toujours en croissant.

En 1868 fut installé le premier établissement Bessemer.

En 1871 on établit des laminoirs à bandages sans soudure et un marteau-pilon de 15 tonnes.

L'usine de *Reschitza* se divise en deux groupes.

Le premier comprend : les forges, les ateliers de réparation, la fabrique de produits réfractaires, la fonderie et la chaudronnerie.

Le second groupe comprend : la gare des minerais et les estacades, les dépôts de minerais et de combustibles, les hauts fourneaux, la grosse fonderie, les ateliers Bessemer et Martin et les ateliers de construction.

Il y a trois hauts-fourneaux dont un a été construit par les soins de la Société ; ils sont renfermés dans une halle en maçonnerie et adossés à une terrasse formant plusieurs étages. On y arrive au moyen de plans inclinés ; le premier étage qui se trouve au niveau des gueulards, porte les halles de mélange où on prépare les lits de fusion, trois grands magasins à charbon de bois, et six fours de grillage ; le second étage correspond à la hauteur de chargement des fours de grillage ; là se trouve un concasseur du système Black, mis en mouvement par une locomobile de 8 chevaux. Ce concasseur fournit 70 tonnes de minerai concassés par jour ; enfin le troisième étage comporte les estacades élévées à 14 mètres au-dessus du sol et sur lesquelles viennent aboutir les voies du chemin de fer à voie étroite qui amène, au moyen de locomotives, le minerai directement de la mine au haut-fourneau. Ces estacades sont soutenues par des piliers dont le bas est en maçonnerie; ces piliers forment, avec des cloisons interposées, des compartiments dans lesquels on verse les minerais suivant leur qualité et leur provenance.

Les trois hauts-fourneaux marchent au charbon de bois. Ils ont 13 m. 27 de hauteur, deux ont 3 m. 18 centimètres de diamètre, au ventre, leur capacité est de 60 mètres cubes ; le troisième a, au ventre, 3 mètres 80 centimètres et cube 80 mètres. Ils sont munis : deux, de deux tuyères et l'autre de quatre ; le vent y arrive à une pression de 6 centimètres ; ce vent est chauffé, avant son arrivée aux tuyères, à une température d'environ 400 degrés. Ce chauffage s'opère dans des fours en circulant dans des tuyaux en fonte formant « *jeux d'orgue* ». La force totale des machines soufflantes est d'environ 200 chevaux.

Les minerais traités dans ces hauts fourneaux sont : des minerais magnétiques extraits des mines de *Moravitza*, des hématites provenant des mêmes mines et des minerais de *Tirnova* qui sont peu riches en fer, mais qui renferment plus de 25 pour cent de manganèse.

Enfin, la teneur moyenne du lit de fusion, s'élève à environ 40 pour cent. Le combustible employé est le charbon de bois de hêtre.

Les trois hauts fourneaux réunis produisent 36 tonnes de fonte grise par 24 heures.

Comme nous l'avons déjà dit, un atelier

Bessemer a été créé en 1868, c'est du reste le seul qui existe en Hongrie.

On a installé des appareils hydrauliques Armstrong qui mettent en mouvement et les convertisseurs et la grue de coulage.

La machine soufflante qui donne le vent est à deux cylindres et a une force de 650 chevaux.

En 1875, comme les besoins augmentaient toujours, on installa un autre atelier, on joignit aux convertisseurs deux fours Martin. Ces deux fours sont installés de telle façon que les coulées peuvent se faire dans la même poche que celle des convertisseurs.

L'aciérie de *Reschitza* peut fabriquer annuel_lement 50,000 tonnes de lingots d'acier. Comme nous l'avons vu, les hauts-fourneaux sont loin de donner la fonte nécessaire à cette fabrication ; on y supplée en traitant en seconde fusion des fontes de *Dognaska* et de *Bogsan*.

L'opération Bessemer est très facile, grâce à la bonne qualité des fontes employées, bonne qualité bien prouvée par le fait que l'on n'est nullement obligé de faire une addition finale.

Les deux fours *Martin* sont de grandes dimensions, chacun d'eux fait deux charges de 2 tonnes par 12 heures.

Une fonderie est annexée aux Hauts-Fourneaux ; la seconde fusion s'opère dans des cubilots de grande dimension pouvant donner 5 tonnes à l'heure. On y fabrique environ 2,506 tonnes de moulage.

L'atelier des forges se divise en trois parties bien distinctes, savoir :

La vieille forge.

La fabrique de bandages.

Le laminoir à rails.

Visille forge. — Cette usine renferme le puddlage, la fabrication des fers marchands et profilés et celle des toles.

Il y a 11 fours à puddler dans lesquels on traite exclusivement des fontes grises provenant de Dognaska et de Bogsan. La charge qui est de 350 kilogrammes est travaillée en une seule loupe sous un pilon de trois tonnes.

Nous avons remarqué sur le plan exposé que les fours à réchauffer étaient placés sur le coté opposé aux fours à puddler.

Il y a huit trains de laminoirs.

Le train du puddlage est mis en mouvement par une machine à balancier d'une force de 45 chevaux.

Le train pour le fer dit : « *moyen mill* » ést également mis en mouvement par une machine à balancier de 45 chevaux ; c'est sur ce train qu'on lamine les éclisses.

Le train pour le fer dit « *petit mill* » est actionné par une petite machine horizontale de la force de 36 chevaux ; sur ce train se laminent les fers à boulons.

Les trains ponr la tôle (il y en a deux) sont actionnés par une machine horizontale de 100 chevaux ; le premier de ces trains lamine des tôles depuis 1/2 millimètre d'épaisseur jusqu'à 7 millimètres, le second lamine les

tôles d'une épaisseur supérieure à 7 millimètres, les paquets avant d'être passés à ce
laminoir sont forgés sous un pilon de 7
tonnes 1/2.

Les trains pour le gros fer sont au nombre
de trois : le forgeage des pièces se fait au
moyen de 6 marteaux pilons variant de 1500
kilogrammes à 7 tonnes.

La fabrique de bandages sans soudures
a été créée en 1871, le bâtiment renferme le
laminoir, un marteau pilon de 17 tonnes pour
forger les piéces, deux grands fours à réchauffer et cinq chaudières chauffées par les
flammes perdues des fours.

La machine motrice qui actionne le laminoir
est placée sous le sol de l'usine, elle est à
deux cylindres horizontaux de 0^{m}630 de diamètre et de 1^{m}420 de coursè. Sa force est de 500
chevaux à la vitesse de 90 tours à la minute.

Par cette disposition on ne voit donc dans
l'atelier: 1º que l'arbre vertical dont la tête porte
le cylindre femelle, c'est-à-dire celui qui lamine
l'intérieur du bandage, 2º le cylindre mâle
consistant en un simple galet, qui, pendant
qu'il tourne, est serré contre l'intérieur du
bandage par une pression hydraulique de 200
atmosphères produite par des pompes et des
accumulateurs du système Amstrong, et enfin
3º les galets guides qui ont pour but de donner
la forme cintrée au bandage pendant la
rotation.

La production de ce laminoir, limitée par
celle des fours, est de 40 bandages par 12 heures.

Le marteau-pilon, de 17 tonnes, dont le dessin était également exposé, a une levée de 2 mètres 500 ; le poids de la chabotte en fonte estde 185 tonnes.

Les massiaux à bandages (appelés « *poires* » à cause de leur forme), à leur sortie de l'atelier Bessemer, sont amenés à la forme d'un disque épais et percé en son milieu.

Le nouveau laminoir à rails a été mis en marche en 1876.

L'installation comporte : le laminoir avec sa machine, quatre grands fours à réchauffer, 8 chaudières verticales chauffées par les flammes perdues des fours, une scie circulaire et deux pompes alimentaires. Cette installation est parfaitement aménagée, car un grand espace libre a été réservé pour l'exécution facile et rapide de toutes les manœuvres.

La machine motrice est horizontale d'une force de 250 chevaux.

La scie circulaire est commandée par une machine de la force de 22 chevaux. On peut laminer 300 rails par 12 heures.

L'atelier de réparation comprend : 7 grands tours pour cylindres, 5 tours pour objets plus petits, 8 machines-outils et 2 grues à chariot, 12 feux de forge, un four à réverbère pour le réchauffage de l'acier, un marteau-pilon de 750 kilogrammes et un marteau à queue.

La briqueterie réfractaire comprend : Un concasseur Black, deux paires de cylindres broyeurs, un moulin pour pulvériser l'argile, deux machines à séparer, trois malaxeurs, etc.

La force motrice est donnée par une machine horizontale de 35 chevaux.

Les ateliers de construction se divisent en trois parties :

1º La forge;
2º L'atelier des roues montées ;
3º L'atelier de montage et d'ajustage.

La forge comprend :

Cinq grands fours à réchauffer.
Quatre fours à souder.
Vingt-huit feux de forges ordinaires.
Sept feux pour le soudage des moyeux et des jantes de roues.
Deux ventilateurs.
Quatre marteaux pilons ordinaires dont un de 6,500 kilogrammes, deux de 2,000 kilogrammes et un de 750 kilogr.
Quatre petits marteaux à vapeur.
Une presse hydraulique pour fabrication d'écrous, crochets d'attelage, etc.
Un presse hydraulique pour le soudage des coins dans les jantes des roues.
Une machine à fabriquer les écrous.
Une machine à courber les rayons des roues.
Deux cisailles.
Six grues.
La force motrice est fournie par deux machines, une de 20 chevaux et une de douze chevaux.
Les produits de la forge consistent prin-

cipalement en essieux droits et coudés pour locomotives, tenders et wagons, arbres, bieilles, pièces diverses pour plaques tournantes et aiguilles, boîtes à tampon en fer forgé, chaînes de sûreté, etc.

L'atelier des roues montées comprend :

Douze tours à bandages et à roues.
Trois tours doubles pour essieux.
Trois tours parallèles à chariots.
Six tours à roues montées.
Deux tours pour polissage à l'émeri.
Une presse hydraulique à caler les roues.

Les *ateliers de montage et d'ajustage* comprennent:

20 tours.
20 machines à percer.
10 machines à raboter.
4 machines à fraiser.
8 machines à tarauder.

Leur production consiste en machines diverses, en changements de voie en grues hydrauliques, etc.

C'est dans les ateliers de Reschitza qu'a été construite la première locomotive en Hongrie.

La *chaudronnêrie* comprend :

Un four pour réchauffer la tôle.
Deux feux de forge pour la fabrication des rivets.
Trois feux de forge pour pièces diverses.

Un ventilateur.

Seize machines à percer.

Une machine à raboter.

Une machine à tarauder.

Une machine à dresser les tôles.

Deux machines à les cintrer.

Trois machines à percer et à découper.

Uue machine à fabriquer les rivets.

Une machine à dresser les têtes de rivets.

Deux appareils pour les épreuves de chaudières.

Dans ces ateliers on monte des chaudières de tous les types, des réservoirs, des ponts métalliques et enfin toutes constructions en fer.

Comme nous l'avons déjà dit, le haut-fourneau de Deutsch-Bosgan fait partie de l'usine de Reschitza; il est situé sur la ligne du chemin de fer à voie étroite dont nous avons également ment parlé.

La hauteur totale de ce haut-fourneau est de 13,300, son diamètre est au ventre de 3,500, au gueulard de 2ᵐ600, sa capacité est de 86 mètres cubes.—Le vent est donné par 4 tuyères; avant son arrivée ce vent est chauffé dans des fours alimentés par le gaz du haut-fourneau.

La production annuelle s'élève à 6,000 tonnes, 80 ouvriers sont employés à cette usine.

Mines de fer de Moravitza. — Au milieu du calcaire du terrain jurassique se sont formés d'immenses amas métallifères. A *Moravitza*, petit bourg situé à l'ouest de

Reschitza, l'exploitation des mines est très-ancienne: en 1718 l'extraction était déjà assez abondante pour nécessiter la création de deux hauts-fourneaux à Deutsch-Bogsan et bientôt après celle de deux autres à Reschitza.

Les gisements de minerai de fer de Moravitza se présentent sous forme de masses irrégulières, affleurant en partie, et en tout cas placés près du sol.

Les mines de fer de Moravitza sont partagées en trois districts.

Les minerais de Moravitza consistent principalement en fers magnétiques très-purs, en hématites brunes qui renferment d'assez fortes doses de manganèse.

L'exploitation de ces mines se fait à ciel ouvert.

De 1855 à 1877 il a été extrait des mines de Moravitza 361,082 tonnes de minerais.

District de Steyerdorf-Anina. — Dans ce district la sidérurgie est également très-importante et appelée à prendre dans l'avenir un grand développement.

Le minerai exploité dans ce district est le fer carbonaté qui se trouve en veines dans les schistes qui forment la partie supérieure des bassins houillers.

Usine d'Anina. — Cette usine est située à l'extrémité nord du bassin houillier d'Anina; elle a été créée en 1861 par la Compagnie.

Elle se compose :

1º de fours à coke ;
2º de fours de grillage ;
3º de deux hants-fourneaux ;
4º de la fonderie ;
5º de l'aciérie ;
6º de la forge.

Les *fours à coke* sont au nombre de 55 produisant annuellement 19,000 tonnes de coke.

L'usine possède 6 *fours de grillage* produisant annuellement 13,800 tonnes.

Hauts-fourneaux. — Il y a deux hauts-fourneaux à Anina, l'un marchant exclusivement au charbon de bois et l'autre marchant au coke.

Le haut-fourneau marchant au charbon de bois a les dimensions suivantes :

1 mètre 180 de diamètre entre les tuyères.
3 mètres 470 de diamètre au ventre.
2 mètres 020 de diamètre au gueulard.
13 mètres 940 de hauteur totale.
85 mètres cubes de capacité.

Le haut-fourneau marchant au coke a les dimensions suivantes :

1 mètre 280 de diamètre aux tuyères.
4 mètres 800 de diamètre au ventre.
2 mètres 610 de diamètre au gueulard.
17 mètres de hauteur totale.
Une capacité de 169 mètres cubes.

Ces deux hauts-fourneaux sont à poitrine ouverte, ont une chemise extérieure en maçonnerie soutenue par des colonnes en fonte, de manière que le creuset est libre ; le gueulard est fermé pour permettre la prise des gaz.

Les chargements se font en amenant des wagonets au-dessus du gueulard au moyen d'une estacade.

Le petit haut-fourneau a trois tuyères, la pression du vent est de 6 centimètres; le grand haut-fourneau a cinq tuyères, la pression du vent est de 12 centimètres.

Le vent est chauffé dans des appareils à tuyaux en fonte formant jeux d'orgue. La température du vent à son arrivée aux tuyères est de 450 degrés.

La soufflerie se compose de trois machines verticales fournies par l'usine de Seraing (Belgique). Chaque machine est de 220 chevaux ; une seule est actuellement en marche et suffit pour les besoins de l'usine.

Le mélange des minerais employés donne des lits de fusion de 45 pour cent de fer.

Fonderie. — La fonte d'Anina possède une fluidité qui la rend propre à la fabrication du moulage. On a donc adjoint au haut-fourneau une fonderie pouvant fournir annuellement 2.500 tonnes de produits marchands et de projectiles.

Aciérie. — On a construit en 1875, à l'usine d'Anina un four Pernot destiné à transformer les vieux rails en fer en lingots d'acier. Ces vieux rails provenant des réfections de voies faites sur les lignes de la compagnie ont été fabriquées par les usines du Banat, c'est dire que la qualité de ce fer est bonne.

La production annuelle du four Pernot est environ de 4,500 tonnes d'acier.

Forge. — La forge d'Anina comprend :
Onze fours à puddler.
Dix-neuf fours à réchauffer.
Deux fours à riblons.
Un four dormant.
Un marteau-pilon à vapeur de 6 tonnes.
Un marteau-pilon à vapeur de 3 tonnes.
Un marteau-pilou à vapeur de 2 tonnes.
Un petit marteau à double effet.
Un train de laminoirs pour le puddlage.
Un train pour fers marchands.
Un train de rails.
Un train pour gros fers.
Deux scies circulaires.
Quatre machines à ajuster les rails.
Trois pompes d'alimentation.

Les trains sont actionnés par trois machines d'une force totale de 260 chevaux.

L'usine d'Anina occupe 980 employés et ouvriers et a produit depuis sa création 118,000 tonnes de rails.

District de Dognaeska. — Ce district est loin d'être sous le rapport industriel comparable aux deux précédents.

Les minerais exploités dans les mines de ce

district sont le fer magnétique et les hématites rouges et brunes.

Les deux hauts-fourneaux de Dognacska ont été construits en 1858.

Ils ont 11 mètres 500 de hauteur totale, 3 mètres de diamètre au ventre et 1^{m}640 au gueulard, leur capacité est de 44 mètres cubes.

Deux machines de 26 chevanx chacune donnent le vent.

Un seul de ces hauts-fourneaux est en marche et produit annuellement 4,000 tonnes de fonte.

Maintenaut que nous avons vu ce que sont les usines du Banat, disons un mot sur les pièces qu'elles avaient exposées.

Nous avons remarqué principalement :

1° Des barreaux d'acier coulé avec un mélange de fontes graphiteuses.

2° Deux lingots tels qu'on les coule pour la fabrication des bandages, l'un en acier Bessemer ; l'autre en acier Martin.

3° Deux lingots en acier Bessemer et Martin pour rails, la cassure de l'un d'eux montre l'homogénéité de l'acier.

4° Une série de pièces essayées.

5° Uun enclume à matricer coulée en acier Martin.

6° Une poire et un disque à bandage en acier Bessemer et Martin.

7° Des bandages finis de diverses dimensions.

8° Une grande quantité d'échantillons de minerais.

9° Divers tableaux graphiques donnant année par année des renseignements sur la production des hauts-fourneaux, convertisseurs, fours Martin et laminoirs.

10° Des échantillons d'acier brut provenant d'Anina.

11° Des fers de diverses dimensions et des rails dent un de 22 mètres de longueur.

12° Les plans des usines.

Augus-Burger, lamineur et tréfileur à *Graz*, en Styrie, exposait : des fils d'acier et de fer pour câbles.

Brand et Lhuillier exposaient divers objets objets en tôle; ces messieurs sont propriétaires d'une fonderie et d'une chaudronnerie à *Brünn* en *Moravie*. Cette usine a été créée en 1852.

Braun's J. Sohne, fabricant d'acier fondu et de limes, avait exposé des blindages pour fortifications. Son usine est à Schondorf (Haute-Autriche), où il occupe 200 ouvriers.

La Société de la Tôlerie d'Admond avait exposé des tôles diverses brutes, étamées et galvanisées. L'usine de la Société est à *Trieben* en *Styrie*.

Les établissements des Forges et Aciéries impériales et royales d'Eibiswald et Krumback en Styrie avaient exposé des ressorts de toutes espèces pour locomotives, wagons, voitures, etc..., des échantillons d'acier fondu, des échantillons d'acier puddlé et cémenté.

Usine d'Innerberg. — C'est en 1625 que la Société des usines d'Innerberg fut fondée.

La Société possède des forêts produisant annuellement 278,000 mètres cubes de charbon de bois et 50,000 mètres de bois de construction et de chauffage.

Elle est propriétaire des mines de l'*Erzberg*, près *Eisenerz*, en Styrie. Ce gisement est, s'il faut en croire la tradition, exploité depuis l'an 712. Le minerai extrait est du fer spathique qui, sous l'influence de l'air, se décompose en hématite brune.

L'exploitation de ces minerais se fait à ciel ouvert.

Avant de livrer les minerais à la réduction, on les grille préalablement.

La production annuelle est d'environ 200,000 tonnes de minerais.

L'analyse chimique donne les résultats suivants. Pour cent parties on a :

Quartz et acide silicique'.	7.05	parties
Alumine . . . . . ' .	1.79	—
Oxyde de fer	67.78	—
Protoxyde de fer. . . .	2.00	—
Protoxyde de manganèse .	3.86	—
Oxyde de cuivre	trace	—
Chaux	7.15	—
Magnésie	2.90	—
Acide phosphorique. . .	9.057	—
Acide sulfurique. . . .	0.11	—
Eau et acide cabonique .	7.00	—

La Société possède: 1° à *Eisenerz* et à *Hieflau* (Styrie), 6 hauts-fourneaux au charbon de bois produisant annuellement ensemble

40,000 tonnes de fonte employéeà la fabrication du fer puddlé et de l'acier.

Cette fonte a la composition chimique suivante:

Sur 100 parties, on a :

Carbone . . . . 3.430 parties
Silicium . . . . 0.110 —
Phosphore. . . . . . . 0.066 —
Soufre . . . . 0.016 —
Cuivre . . . . trace —
Manganèse . . . . . 1.010 —
Fer . . . . 95.368 —

2° A Schwechat près Vienne deux hauts fourneaux au coke, pouvant produire 35,000 tonnes de fontes Bessemer.

La composition chimique de cette fonte est la suivante :

Carbone 0.42
Graphite. 3.52
Silicium 2.00
Phosphore 0.08
Soufre 0.03
Manganèse 4.45
Cuivre . . . . traces
Fer 89.50

3° Une usine à acier puddlé à Reichraming, des forges à Kleinreifling et à Wehyer (Haute-Autriche), des forges près de Leoben en Styrie.

La production annuelle de ces établissements est de plus de 1,000 tonnes d'acier affiné et de 1,700 tonnes d'acier puddlé.

Sur cent parties, l'analyse de ces aciers donne la composition suivante :

ACIER PUDDLÉ

Carbone . . . . 0,758 parties
Silicium . . . . 0,048 —
Phosphore . . . . 0,019 —
Manganèse . . . . 0,180 —
Nickel et cobalt . . . . . 0,003 —
Cuivre . . . . 0,005 —
Scorie. . . . . 1,217 —

ACIER AFFINÉ (acier naturel).

Carbone . . . . 0,899 parties
Silicium . . . . 0,058 —
Phosphore . . . . 0,019 —
Soufre . . . . 0,005 —
Manganése . . . . 0,043 —
Cobalt et Nickel.. . . . . . traces
Cuivre. . . . . 0,004 —
Scorie. . . . . 0,633 —

A ce groupe d'usines se rattachent un atelier de chaudronnerie, un atelier de réparation, etc.

La productiou annuelle de ces établissements s'élève à :

150 000 tonnes de fer marchand.
 3.400 tonnes de toles fortes et minces.
 1.000 tonnes de fontes moulées.
 1.000 tonnes d'acier affiné et puddlé.

 4° Une usine d'acier fondu à Kapfenberg, en Styrie.

Cette usine a été créée en 1854, elle comprend actuellement :

12 fours à gaz de 20 creusets chacun, produisant ensemble 6 tonnes d'acier fondu par coulée.

La production de cette aciérie est d'environ 3,500 tonnes par an.

Les produits qui étaient exposés consistaient :

1° En échantillons de minerais provenant des mines de l'Erzberg ;

2° En spécimens de fonte au charbon de bois ;

3° En échantillons d'aciers de toutes sortes ;

4° En 2 boucliers en tôle d'acier martelé à froid ;

5° En roues pour chariot en acier moulé ;

6° En divers spécimens de fer de différentes qualités.

Citons pour finir : l'exposition de M. *Müllbacher*, maitre de forges à *Waidisch* en *Carinthie*; cette exposition consistait en échantillons assez remarquables de fers bruts, laminés, profilés et autres.

GRANDE-BRETAGNE

Au commencement du XVIᵉ siècle, la production du fer était de peu d'importance en Angleterre. L'Allemagne et la partie de pays qui constitue actuellement la Belgique étaient les grands pourvoyeurs de fer. Cette situation a bien changé. En effet, en 1876, l'Angleterre a produit 6,660,892,000 kilogrammes de fonte, près de la moitié de la production totale du monde entier.

En 1717 le gouvernement anglais établit des droits de douanes afin de protéger l'industrie du pays contre la concurrence étrangère; c'est à cette époque qu'apparut également la fabrication de la fonte au charbon de terre. Cette découverte importante et cette disposition dans la politique commerciale, furent le point de départ du développement formidable de l'industrie métallurgique en Angleterre. Cependant, les progrès furent lents au commencement ; en 1740 il n'y avait dans tout le royaume que 59 hauts-fourneaux, produisant 17,000 tonnes de fonte ; quantité fournie aujourd'hui par un seul haut-fourneau.

En 1796, le nombre des hauts-fourneaux était

monté à 130, produisant 125,000 tonnes ; en 1835, cette production s'est élevée à 1,000,000 de tonnes et, en 1840, à 1,400,000 tonnes ; à partir de cette époque, le développement de l'industrie sidérurgique en Angleterre, grâce à la construction des chemins de fe, devient extraordinaire.

Actuellement, l'Angleterre règle les prix de tous les articles de fer et d'acier dans tous les pays non protégés par les douanes et, même dans ceux munis de tarifs douaniers, le marché se guide sur les cours anglais, abstraction faite des droits de douane.

La cause principale de l'importance qu'a acquise l'industrie anglaise est que le minerai se trouve en grande quantité et très-souvent mélangé avec la houille qui doit servir à le traiter.

Les qualités de minerai diffèrent beaucoup même dans la même mine.

Les principales espèces sont :

Le minerai de fer magnétique.
L'hématite rouge.
L'hématite brune.
Le minerai de fer spathique.
La Siderose.
La Limonite.

Leur teneur en fer sont les suivantes :

Le *minerai de fer magnétique* donne de 57 à 69 pour cent de fer.

L'*hématite rouge* 47, 50 à 66, 60 pour cent.

L'*Hématite brune,* 12 à 63 pour cent.

Le *minerai de fer spathique*, 13.98 à 49.78 pour cent.

La *siderose*, 14.80 à 43.40 pour cent.

La *limonite*, 17.34 à 49.17 pour cent.

La production de minerai depuis 1860 a été la suivante :

En 1860, il a été extrait 8,152,592 tonnes et importé 23,482 tonnes, la consommation totale a donc été de 8,173,225 tonnes représentant une valeur de 62,052,100 francs.

En 1866, on a extrait 9,819,652 tonnes de minerai et importé 57,596 tonnes, la consommation totale s'est donc élevée à 9,877,248 tonnes représentant une valeur de 79,204,475 fr.

En 1872 il a été extrait 16,850,215 tonnes de minerai et importé 814,327 T. la consommation totale a donc été de 17,664,542 tonnes d'une valeur totale de 219,742,900 francs.

Enfin en 1876, l'extraction s'est élevée à 17,111,049 tonnes et l'importation à 685,993 tonnes, la consommation totale a donc été de 17,797,042 tonnes d'une valeur de 190,597,750 fr.

Ainsi comme on le voit en quinze ans, la production du minerai a doublé.

Quant à l'importation elle est devenue près de trente fois plus considérable quoi que ayant baissé depuis 1873.

En 1860 il a été exporté 127 tonnes de minerai et en 1876 2497 tonnes, quantité plus importante qu'en 1860, mais relativement insignifiante, cela prouve que l'Angleterre exporte surtout sous forme de produits finis.

En 1876, il avait en Angleterre y compris

l'Ecosse et le pays de Galles 927 hauts-fourneaux dont 585 en activité; ces 585 hauts fourneaux ont produit 6,660,892 tonnes.

L'Angleterre proprement dite entrait pour 4,738,779 tonnes dans cette production. Ce chiffre se repartit comme suit :

	tonnes.
Northumberland et *Durham*, avec 14 usines, 73 hauts-fourneaux, dont 51 en activité	836.343
Yorkshire-Nord, avec 19 usines, 86 hauts - fourneaux, dont 75 en activité . . . . :	1 281.189
Yorkshire-Est, avec 16 usines, 49 hauts-fourneaux, dont 34 en activité.	239.218
Derbyshyre, avec 12 usines, 54 hauts-fourneaux, dont 35 en activite.	305.531
Lancashire, avec 9 usines, 47 hauts-fourneaux, dont 30 en activité . .	561.832
Cumberland, avec 12 usines, 49 hauts-fourneaux, dont 27 en activité.	443.877
Shropshire, avec 10 usines, 21 hauts-fourneaux, dont 16 en activité.	108.418
Staffordshire-Nord, avec 8 usines, 37 hauts-fourneaux, dont 25 en activité.	216.986
Staffordshire-Sud, avec 41 usines, 147 hauts-fourneaux, dont 65 en activité.	473.401
Northamptonshire, avec 7 usines, 20 hauts-fourneaux, dont 11 en activité	86.274
Lincolnshire, avec 6 usines, 21 hauts-fourneaux, produisant . . .	127.201

Glaucestershire, avec 3 usines, 10 hauts-fourneaux, dont cinq en activité. 28.558

Wiltshire, Hanisphire et *Loncersetshire,* avec 2 usines, 9 hauts-fourneaux, dont trois en activité, produisant. 29.951

L'année 1872 a été celle dans laquelle on a produit le plus de fonte, cette augmentation provient de l'extension considérable des chemins de fer et de l'emploi plus général du fer dans la construction des bâtiments.

L'acier, le Bessemer entre autres, a pris une grande extension en Angleterre, d'autant plus que les hématites, minerai qui renferme fort peu de phosphore, se trouvent en grande quantité dans le Royaume-Unis ; en outre les aciéries étant pour la plupart installées non loin du littoral, il s'ensuit qu'elles peuvent se procurer d'excellents minerais pour convertisseurs Bessemer, des mines de l'Ile d'Elbe, de l'Espagne, d'Algérie et même de l'Amérique du Nord.

Les frais de transports sont réduits de la manière suivante :

Les navires en chargement pour ces diverses contrées prennent comme lest de la houille, laquelle est échangée pour du minerai.

En 1877, le nombre des convertisseurs Bessemer s'élevait à 114, répartis dans 25 usines.

La production totale de l'acier s'est élevée cette même année en Grande-Bretagne à 905,154 tonnes.

Depuis 1870, l'Angleterre rencontre à l'étranger une assez forte concurrence dans la fabrication des rails en fer et en acier; c'est ce dont on peut se convaincre en comparant les mouvements des exportations des années 1870 à 1877. En 1870, l'Angleterre a exporté 1,076,342 tonnes de rails; en 1877, ce chiffre s'est abaissé à 505,990 tonnes. Sur ce chiffre, la France n'a été acquéreur que de 157 tonnes.

En 1876, l'Angleterre, possédait 312 usines à fer, qui se répartissaient ainsi :

Northumberland et *Durham*, 28 usines comprenant ensemble 1,347 fours à puddler et 80 laminoirs.

Yorkshire. Cleveland, Leeds, Bradford, Sheffield et *Rotherham*, 45 usines avec 1,365 fours à puddler et 168 laminoirs.

Derbyshire, 5 usines, avec un total de 69 fours à puddler et 14 laminoirs.

Lancashire, 26 usines, avec un total de 421 fours à puddler et 78 laminoirs.

Cumberland, 5 usines, avec 80 fours à puddler et 11 laminoirs.

Shropshire, 9 usines, avec 175 fours à puddler.

Nord-Stafforshire, 9 usines avec 453 fours à puddler et 39 laminoirs.

Sud - Stafforshire, 129 usines possèdent ensemble 2,009 fours à puddler et 342 laminoirs.

Glocestershire, 1 usine avec 3 fours à puddler et 2 laminoirs.

Somersetshire, 1 usine avec 22 fours à puddler et 3 laminoirs.

Le pays de Galles, 36 usines avec 1,024 fours à puddler et 131 laminoirs.

Enfin l'*Ecosse*, 18 usines avec 34 fours à puddler et 50 laminoirs.

Les renseignements statistiques nous font malheureusement défaut et nous sommes forcés d'en rester là, des données sur les différentes productions sidérurgiques de l'Angleterre.

Comme partout, la métallurgie du fer considérée au point de vue commercial est gravement atteinte. Les industriels anglais ne semblent pas vouloir envisager la crise sous son vrai côté et ehaque année voit augmenter leur production, production supérieure à toute consommation. Avec cette manière d'agir, la crise n'est pas près de finir; l'Angleterre fournissant la moitié de la consommation du globe, il s'ensuit que son attitude future décidera de la durée ou de la fin de l'état de marasme dans lequel on trouve la sidérurgie.

L'exposition de la Grande-Bretagne, au point de vue de la sidérurgie, était loin d'être en rapport avec l'importance de cette industrie en ce pays; non-seulement peu d'usines avaient exposé, mais encore celles qui exposaient étaient fort mal représentées par leurs produits, l'espace ayant manqué.

Nous allons citer quelques expositions et donner quelques détails trop peu nombreux malheureusement, mais les renseignements que nous avons pu obtenir des différents exposanis de cette nation sont fort restreints.

Andrem, John Henry et C°, fabricants d'acier à Sheffield, Toledo Steel Works, avaient exposé des échantillons d'aeier en barre, des massiaux d'acier martelé et laminé : les cassures de ces aciers montrent un métal homogène, à grains très-fins et très-serrés, d'un aspect chatoyant.

M. *Barff*, professeur de chimie au *Catholic university collége, Kensington*, Londres, avait exposé divers échantillons de fer fabriqué, tels que poutres, poutrelles, fer cornière, revêtus d'une couche permanente d'oxyde magnétique pour empêcher la rouille.

Voilà en peu de mots en quoi consiste le procédé de *M. Barff*. Le fer que l'on veut préserver de la rouille est exposé dans une espèce de chambre, de telle façon que toute la surface du métal subit l'action de courants de vapeur surchauffée ; alors peu à peu une couche d'oxyde magnétique la recouvre, l'épaisseur de cette couche varie selon l'élévation de la température produite et selon le temps que dure l'opération.

Ainsi lorsque la chaleur de la chambre où sont renfermées les pièces à oxyder, a été portée à environ 350 degrés centigrades et que la durée de l'opération a été de 5 heures, on a une enveloppe d'oxyde tellement dure que l'émeri a peine à l'attaquer, on peut alors exposer le fer à toute humidité sans crainte de rouille.

Avec une opération de sept heures et une température de 7 à 800 degrés centigrades, on donne au fer une enveloppe telle, qu'il peut résister à toute action mécanique et chimique des eaux.

Si la pratique donne des résultats aussi concluants que ceux fournis par les essais, cette découverte aura sans aucun doute une grande importance ; en effet, on pourra employer avec assurance le fer dans toute construction exposée aux intempéries et le substituer ainsi à la pierre et au bois, matériaux fort chers.

Dans la bâtisse, l'emploi de ce fer pourra être considérable.

Bedford John et Sons, fabricants de limes et d'outils tranchants à Sheffield, avaient exposé des échantillons d'acier fondu au creuset en lingots et en barres, des tôles d'acier fondu de diverses qualités, des limes extra-fines de toutes sortes, des outils divers pour la menuiserie, des pelles de différentes formes, des lames pour machines agricoles et diverses.

Bird Wm et C° marchands de fer à Londres, Cannon Street, exposaient des échantillons de minerai hématite manganésifère, ainsi que des échantillons de fers et aciers.

Brown, Bayley, et Dixon Limited, fabricants d'acier à Sheffield, exposaient des rails, des bandages, des essieux, des ressorts et des tampons en acier ; des tôles d'acier, de l'acier en barres et des chaînes d'acier sans soudure. L'homogénéité des aciers de cette maison est très-remarquable.

Burg et C° Limited, fabricants d'outils

d'acier, de limes et d'outils divers, exposaient des échantillons d'acier fondu pour tous les usages, des limes et râpes, des ciseaux, des haches, des pioches de toutes sortes, des marteaux en acier fondu pour forgerons, faulx et faucilles, etc.

Harrison. Ainsli et C°, maîtres de forge, Newland Furnace, *Ulverston, Lancashire*, avaient exposé des échantillons de minerai, de roches dans lesquelles se trouve l'hématite, des échantillons de fonte et de fers divers.

Jessop William et Sons limited, fabricants d'acier à Sheffield avaient exposé :

1º Un disque en acier de 3 mètres 510 de diamètre et de 14 $^{m}/_{m}$ et 3/10 d'épaisseur ; cette tôle était très-remarquable.

2º Des bandes d'acier fondu pour scies.

3º Différentes feuilles de tôle en acier fondu ;

4ᵉ Deux plaques d'acier pour chaudières, ces plaques avaient subi l'épreuve de la poudre à canon ;

5º Une plaque d'acier fondu pour cible; cette plaque avait reçu 32 balles de fusils Snider à une portée de 25 mètres, les traces des balles étaient insensiblement marquées;

6º Des versoirs de charrue ;

7º Des échantillons d'acier; 7 cassures d'acier cémenté de duretés différentes ; 7 cassures d'acier en lingot de duretés différentes également;

8º Des échantillons d'acier pour outils; acier spécial à la maison Jessop. Cet acier est nommé « acier diamant. »

Comme pièces très remarquables, citons :
1° Une bande d'acier fondu pour ruban de scie ; cette bande laminée à chaud a 30 mètres 500 de longueur, 160 millimètres de largeur et 8/10 de millimètres d'épaisseur ; 2° une bande laminée à froid ; cette bande a 152 mètres 50 de longueur.

La maison Jessop et Sons a été fondée en 1791, à Sheffield, et a été transformée en 1876 en société par actions au capital de 10,000,000 de francs.

Elle emploie pour la fabrication de ses aciers pour outils, des fers martelés de Suède.

Le nombre d'ouvriers employés dans les usines de cette Société s'élève a 950.

Les usines occupent 130,000 mètres carrés; elles sont reliées entre elles par 6 kilomètres de voie.

Comme outillage, elles comprennent :

2 locomotives.

26 machines à vapeur et roues hydrauliques représentant une force de 1,700 chevaux.

25 chaudières à vapeur.

26 marteaux-pilons et martinets.

9 trains de laminoirs pour tôles en acier fondu.

4 trains de laminoir pour les aciers en barres.

21 fours à fondre de 25 creusets chacun

20 fours de cémentation pouvant contenir de 20 à 25 tonnes chacun.

La maison fabrique elle-même le gaz pour les besoins de ses usines.

La production annuelle de ces usines s'élève à 7,000 tonnes d'acier pour outils divers, et

1.000 tonnes d'acier en tôle fine pour fabriques de plumes métalliques.

Jones Meyer et Colwer fabricants d'acier à Sheffield avaient exposé des échantillons de fer cémenté, de l'acier ébauché, une grande quantité d'échantillons d'acier fondu au creuset.

Chaque pièce correspond à un degré de dureté; la trempe de chacun d'eux était indiquée par la couleur à laquelle on doit les faire revenir.

Cette maison a environ 80 ouvriers.

La production annuelle s'élève à 1,000 tonnes d'acier.

Les fours pour fondre ne sont pas du système Siemens, ce sont des fours à simple tirage.

Jawit, Thomas et Sons, fabricants d'aciers de scies et d'outils à Sheffield, avaient exposé des aciers fondu, cémenté et puddlé, des tôles d'acier, des limes, des scies et des outils de tous genres.

The Leeds Forge-Company, limited, exposait des tôles de Yorkshire première qualité pour chaudières, des tôles à brides, des tôles soudées, des arbres de locomotives bruts et finis, du fer en barre, des fers spéciaux, etc.

The Narth Lonsdate Iron and steel Company, limited, exposait des échantillons de minerais de fer, de fonte de diverses qualités.

Seebohn et Dieckstahl, fabricants d'acier à Sheffield, exposaient des échantillons de fers de Suède, de l'acier cémenté très-remarquable, une série d'échantillons et de cassure d'acier fondu au creuset montrant les aspects différents des divers degrès de dureté des aciers. —

Nous avons remarqué une série de morceaux d'acier d'une forme ovale et prismatique, ces aciers sont destinés à la fabrication de matrices pour clouterie ; ils sont martelés par un procédé spécial à la fabrication de MM. Seebohn et Dieckstahl.,

La spécialité de fabrication de l'établissement consiste surtout dans les aciers fondus au creuset pour outils.

Le point le plus important et sur lequel nous appelons l'attention de nos lecteurs, c'est la façon de procéder pour la classification des différents degrés de dureté de l'acier, basée sur les différentes quantités de carbone contenues dans ces aciers.

Ce dosage du carbone est fait très-minutieusement, car il appert que la quantité de carbone doit varier selon l'usage qu'on veut faire de l'acier.

Partant de ce principe, MM. Seebohm et Dieckstahl ont classé leurs aciers en six divisions, chacune de ces six divisions étant appropriée à un certain nombre d'usages.

Chaque division correspond à six teintes, qui sont :

Jaune clair n° 1, correspond au degré de dureté pour rasoirs. Cet acier contient 1 1/2 p. cent de carbone.

Il est convenable pour outils de tours, planes et forets ; il est très-difficile à travailler, car un chauffage trop élevé le gâte complétement.

Jaune d'or n° 2, correspond au degré de dureté pour certains outils de tour, outils à mortaiser, petits tarauds ; il contient 1 1/4 pour cent de carbone.

Cet acier, également difficile à travailler, n'est pas soudable.

Rouge orange n° 3, correspond au degré de dureté pour poinçons, marteaux de moulin, lames de cisailles, alésoirs, etc...; il contient 1 1/8 pour cent de carbone.

Cet acier se soude très-difficilement.

Rouge-carminé, n° 4, correspond au degré de dureté pour burins, tranches à chaud, grands tarrauds, fleurets de mine ; il contient 1 pour cent de carbone. Cet acier se soude en prenant de grandes précautions pendant l'opération.

Le violet n° 5, correspond au degré de dureté pour tranches, outils de forgeron estampes, etc..., il contient 1/8 pour cent de carbone. Cet acier se soude sans difficulté.

Le bleu n° 6, correspond au dégré de dureté pour matrice, il contient 3/4 pour cent de carbone.

Il y a encore un genre d'acier marqué n° 7, c'est un acier dur à la surface, doux dans le milieu. C'est un acier spécial pour tarauds. Lorsqu'on le chauffe au rouge foncé, il se trempe facilement sans éclater. L'étiquette de ce numéro est *bleue* à bords *janne d'or*.

La maison Seebohn et Diekstahl est la première qui ait fait ressortir la différence existante entre la dureté de l'acier et la qualité.

Le degré de dureté s'applique seulement à la

proportion de carbone combiné avec le fer pour produire l'acier et n'a aucun rapport avec le prix alors que la qualité de l'acier s'entend d'un métal exempt de toute impureté et pour la fabrication duquel on a été, bien entendu, forcé d'employer des matières premières d'un choix supérieur, par conséquent d'un prix élevé.

Le classement d'acier que nous avons énoncé ci-dessus est fort bien entendu, car il faut admettre comme fait certain, que la thèse, soutenant qu'une qualité et une dureté moyenne doit s'adapter à tous les besoins, est complétement fausse.

Les soins apportés dans la fabrication de l'acier sont extrêmes et les matières premières employées consistent exclusivement dans les premières qualités de fer de Suède.

Le fer de Suède est porté pour la cémentation dans un four à cémenter; les barres sont placées à plat dans des espèces de boîtes, chaque couche de barres est recouverte de poussier de charbon de bois. L'opération ne se termine que lorsqu'on a jugé la quantité de carbone imprégnée dans les pores du fer suffisante pour le degré de dureté de l'acier que l'on veut obtenir; une fois que ce degré est reconnu obtenu on jette le feu; le fer de Suède converti en acier cémenté est sorti du four, il est couvert d'ampoules.

Quand il est entièrement refroidi, on casse les barres, on les trie suivant les diverses qualités qu'indiquent les cassures.

Ensuite l'acier est fondu au creuset dans

des fours à tirage ordinaire ; la température avant d'atteindre son maximum est élevée progressivement; ce maximum est environ 130 degrés du pyromètre Wedgwood. Du creuset, l'acier est porté aux forges et laminoirs qui le transforment en pièces diverses.

Terminons notre rapide examen sur l'exposition de la Grande-Bretagne en citant celle qu'avait faite « *The Snedshill Jron Company.* »

Elle se composait d'échantillons de fer de première qualité, de tôles pour chaudières, de barres étirées pour la fabrication des vis, ressorts, etc., des barres de fer au charbon de bois, fers spéciaux divers.

ITALIE

L'Italie possède de riches amas de minerai de fer d'excellente qualité, et si les combustibles minéraux ne lui faisaient pas défaut, l'industrie sidérurgique serait aussi développée qu'en France et en Allemagne ; mais le combustible manquant, on a cru jusqu'ici qu'il valait mieux exporter le minerai de fer que le traiter dans le pays.

Nous allons voir quelle a été la production et 'exportation de 1866 à 1876 en minerais de fer :

En 1866, il a été extrait 145,000 tonnes et exporté 18,110 tonnes.

En 1867, il a été extrait 105,000 tonnes et exporté 31,561 tonnes.

En 1868, il a été extrait 102,000 tonnes et exporté 24,513 tonnes.

En 1869, il a été extrait 101,000 tonnes et exporté 54,122 tonnes.

En 1870, il a été extrait 74,000 tonnes et exporté 40,711 tonnes.

En 1871, il a été extrait 72,000 tonnes et exporté 45,322 tonnes.

En 1872, il a été extrait 167,000 tonnes et exporté 168,472 tonnes.

En 1873, il a été extrait 260.000 tonnes et exporté 151,949 tonnes.

En 1874, il a été extrait 264,000 tonnes et exporté 203,397 tonnes.

En 1875, il a été extrait 235,000 tonnes et exporté 191,157 tonnes.

En 1876, il a été extrait 248,000 tonnes et exporté 197,697 tonnes.

Le gisement le plus remarquable et le plus renommé est celui de l'Ile d'Elbe ; ce gisement est exploité depuis les temps les plus reculés ; les Etrusques et les Romains y extrayaient leur minerai. Le principal acquéreur des minerais de l'Ile d'Elbe est la France.

La production de fonte brute, de fers en barres et d'acier est fort restreinte. Il n'y a en ce moment en activité que 11 hauts-fourneaux. L'industrie du fer n'existe que dans quelques localités fort mal situées au point de vue des communications.

L'exposition sidèrurgique italienne très peu importante naturellement, n'était remarquable que par la collection de minerais que l'on trouvait, entr'autres celle des minerais provenant de l'île d'Elbe et qui était exposée par « *Aministrazioni cointeressata del RR. minierc e fonderie del ferro in Toseana* » et celle de minerais de fer spathique naturels et grillés provenant des mines de *Regina Zoje* près *Brescia*; cette collection était exposée par M. *Zamara Giuseppe*, capitaine d'artillerie.

Le minerai provenant de *Regina Zoje* donne à peu prés 50 pour cent de fer. Il alimente le haut fourneau de Pezzaze ; la réduction se fait dans ce haut-fourneau avec de la tourbe.

ESPAGNE

L'Espagne est la contrée la plus riche de l'Europe en minerai de fer et en combustibles minéraux, et pourtant l'industrie du fer y est fort peu développée.

Ce développement est entravé par les crises politiques continuelles qui sévissent dans ce malheureux pays. De plus il manque dans cette contrée un réseau de voies ferrées assez dense pour pénétrer dans tous les bassins houillers et métallifères. Mais il est évident que si une situation politique durable s'établissait en Espagne et si les communications étaient convenablement installées, la sidérurgie de ce pays pourrait lutter avec celle de l'Angleterre.

Le fer spathique, l'hématite rouge, le fer magnétique et l'hydrate de fer se trouvent en abondance dans la Péninsule; la production totale de minerais de fer s'est élevée en 1877 à 1,162,170 tonnes. De toutes les provinces c'est la Biscaye, qui en a fourni le plus (702,090 tonnes). En 1874, la production totale ne s'était élevée qu'à 402,952 tonnes.

Ce chiffre se répartissait ainsi :

La *Biscaye*, avec 6,443 hectares de gisements en exploitation, n'a donné que 10,821 tonnes. La province de *Murcie*, avec 1,305 hectares en exploitation 110,836 t. La province d'*Oviedo*, avec 3,374 hectares : 72,276 tonnes.

Almeria,	avec 66 hectar. :	75.120 tonnes
Malaga,	— 13 —	52.645 —
Santander,	— 419 —	48.836 —
Guipuzcoa,	— 841 —	10.681 —
La *Navarre*,	— 403 —	9.175 —
Séville,	— 35 —	3.320 —
Burgos,	— 64 —	1.300 —
Badajoz,	— 45 —	1.200 —
Lagrono,	— 232 —	1.150 —
Lugo,	— 126 —	1.000 —
Teruel,	— 16 —	602 —
Coruna,	— 12 —	600 —
Léon,	— 180 —	390 —

Si en 1874, la production de minerai a été si faible surtout en Biscaye, la cause en est à la guerre faite par don Carlos. C'est ce qui explique la grande différence entre la production de la Biscaye en 1874 et en 1877 après le rétablissement de l'ordre. Dans cette province et principalement dans la vallée de *Somorostro*, les minerais se trouvent pour ainsi dire au niveau du sol; d'après M. *Ramon Ardan de Yarzr*, le gîte métallifère de *Somorrostro* renfermerait à lui seul près de cent soixante-quatre millions de tonnes.

Ce n'est qu'à partir de 1860 que l'exploitation des minerais de fer prit de l'importance en Espagne ; j'usqu'à cette époque, on n'exploitait que la quantité nécessaire aux besoins du pays (besoins fort restreints du reste).

La production totale annuelle ne dépassait guère 40,000 tonnes ; mais à la suite de l'abrogation des droits d'exportation sur les minerais, l'industrie minière prit son essor, car elle put envoyer à l'étranger ses produits qui, vu leurs qualités incontestables, furent et seront toujours très-prisés.

Le procédé Bessemer, exigeant l'emploi de matières très-pures, vint encore augmenter la quantité exportée.

La maison Krupp d'Essen est propriétaire d'un gîte métallifère près de Bilbao qui lui fournit annuellement 200,000 tonnes de minerais pour la fabrication de ses fontes.

Les minerais prennent en Espagne les noms suivants :

Le fer oligiste s'appelle « *Vena dulcé* ».

L'hematite rouge s'appelle « *la Camnil.* »

L'hematite brune s'appelle « *le minéral rubio.* »

Des analyses chimiques ont été faites au laboratoire de la forge *El. Carmen* à *Baracaldo* près *Bilbao*, ces analyses ont donné les résultats suivants :

1° *Fer oligiste* n° 1.

Oxyde de fer. 82.26
Silice 1.35

Aluminium 1.53
Sesquioxyde de manganèse. 1.78
Chaux 9.27
Manganèse . . . . traces
Eau et acide carbonique. . 3.81

Le rendement de ce minerai en fer est environ de 60 pour cent.

2° *Fer oligiste* n° 2.

Oxyde de fer. 80.78
Silice 2.63
Aluminium 1.38
Sesquioxyde de manganèse. 2.24
Chaux 6.39
Manganèse 0.46
Eau et acide carbonique. . 6.12

Le rendement en fer est environ de 58 pour ceut.

3° *Hématite rouge* n° 1.

Oxyde de fer. 80.75
Silice 3.24
Aluminium 3.24
Sesquioxyde de manganèse. 8.15
Chaux. 0.82
Manganèse 1.04
Eau et acide carbonique. . 2.90

Rendement en fer, 56.52 pour cent.

4° *Hematite rouge* n° 2.

Oxyde de fer 84.01
Silice 3.20

Aluminium 0.40
Sesquioxyde de manganèse. 4.38
Chaux. 0.40
Manganèse 0.80
Eau et acide carbonique. . 6.81

Le rendement de ce minerai est de 58.80 pour cent de fer.

5° *Hématite rouge n° 3.*

Oxyde de fer. 73.90
Silice 5.70
Aluminium 3.80
Sesquioxyde de manganèse. 5.80
Chaux. 0.45
Manganèse 1.28
Eau et acide carbonique. . 1.25

Ce minerai a un rendement en fer de 51.73 pour cent.

6° *Hématite brune n° 1.*

Oxyde de fer. 79.14
Silice 7.20
Aluminium 2.40
Sesquioxyde de manganèse. 2.45
Chaux. 2.23
Manganèse 0.71
Soufre. . . . . traces
Eau et acide carbonique. . 5.27

Ce minerai donne environ 55,50 pour cent de fer.

7° *Hématite brune n° 2.*

Oxyde de fer. 83.75

Silice 5.25
Aluminium 3.20
Sesquioxyde de manganèse. 3.17
Chaux 1.36
Manganèse . . . . . . traces
Sonfre 0.04
Eau et acide carbonique. . 3.23
Ce minerai donne 59 pour cent environ de fer.

Il faut remarquer que ces minerais ne contiennent aucune trace de phosphore. Quant au soufre le *mineral rubio* en contient seul en peu.

L'absence de ces deux métalloides rend l'emploi de ces minerais, bon pour la fabrication des fers et acier de première qualité.

Le fer brut est produit en Espagne, en partie au charbon de bois, en partie au coke. Les premiers hauts fourneaux ont été élevés en 1828 près de *Marbilla* en *Grenade;* ils servaient à la réduction des minerais de fer magnétique de *Ronda.* La production du fer est tellement restreinte en Espagne qu'elle n'est pas encore suffisante pour les besoins du pays qui pourtant sont très minimes; l'importation est au moins égale à la production.

Quant à l'acier, la production est encore bien plus restreinte; en 1873 par exemple cette production s'est élevée à 216 tonnes, quantité que donne en deux semaines une aciérie anglaise d'importance ordinaire.

L'exposition sidérurgique espagnole était très insignifiante; quelques collections de minerais, et quelques expositions de fers en barre.

Citons : l'exposition de « *Socios de Bolueta* » de *Begona* en *Biscaye*, qui renfermait des échantillons de fers spéciaux pour lames de sabre, des arbres de transmission en fer doux, des fers à cheval, etc.

M. Jauregui, maître de forge à *Bilbao* (Biscaye), avait exposé également des échantillons de fers doux forgés et d'acier.

La maison *Ybara et C°*, à *Baracaldo* près Bilbao, exposait des objets moulés en fonte, des fers laminés de diverses sortes, des aciers trempés et non trempés, une collection de minerais de fer, de scories, de la castine, etc.

PORTUGAL.

Quoique le sol du Portugal soit sillonné de gites de minerais de fer, la sidérurgie est pour ainsi dire nulle en ce pays; tout le fer nécessaire à ses besoins lui est fourni par l'Angleterre.

On n'extrait des mines portugaises qu'environ 2,500 tonnes par an, quantité insignifiante comme on le voit.

SUISSE.

Les cantons de Berne, Soleure, Neuchâtel, du Valais et de St-Galle renferment des minerais de fer, principalement des hématites rouges de très bonne qualité.

La production cu minerai de fer s'élève à environ 15,000 tonnes par an ; cette production pourrait être considérablement accrue si le combustible minéral ne faisait pas complétement défaut.

La production de fonte brute s'élève à environ 8,000 tonnes par an ; on voit qu'elle est fort peu importante.

La section suisse de l'Exposition ne présentait pas un grand intérêt au point de vue de la partie sidérurgique, qui n'était représentée que par quelques échantillons.

NORWÉGE

L'industrie sidérurgique n'est pas très-importanttante en Norwége, le combustible minéral
faisant complétement défaut. Cependant le fer
produit est d'une qualité supérieure; ce pays
se trouve dans les mêmes conditions géographiques et forestières que la Suède sa voisine.
Les voies de communication laissent beaucoup
à désirer, car le développement des chemins de
fer n'est que de 802 kilomètres pour une superficie de 316,694 kilomètres carrés. La production annuelle de fer ne s'élève qu'à environ :

6,250 tonnes de fer brut ;
1,750 tonnes de fonte moulée ;
4,000 tonnes de fer en barres.

La fabrication du fer se fait exclusivement
au bois et au charbon de bois. Pour cette raison,
vu le prix toujours croissant de ces matières, la
Norwège ne peut soutenir une concurrence
sérieuse avec l'étranger et bon nombre d'usines
qui florissaient il y a quelques années, sont
complétement arrêtées aujourd'hui.

L'exposition sidérurgique de la Norwège

n'était guère représentée que par la maison de *MM. Aals* et fils de *Tvedcstrand* qui exposait :

Des échantillons de minerais,
Des échantillons de fer en lopins,
Des échantillons de fer en barre,
De l'acier Bessemer,
Et des outils divers en acier.

Parmi ces outils, nous avons remarqué des scies circulaires d'une fabrication spéciale à cette maison; l'acier employé pour ces scies est appelé : « *acier étoffé*. » La moitié de l'épaisseur des lames de scie est en acier et l'autre en fer battu. Ces deux matières étant soudées ensemble, il s'en suit que si pendant le travail d'un outil l'acier qui le compose vient à casser, le fer, lui, qui plie mais ne casse pas, retient ce dernier et l'empêche d'être projeté en vertu de la force centrifuge, ce qui diminue beaucoup les chances d'accidents.

TURQUIE

La Turquie, dans des mains intelligentes, avec un gouvernement stable et une réorganisation politique et commerciale, à l'abri de l'égoïsme anglais et du despotisme russe, deviendrait rapidement un pays important au point de vue de la production du fer ; car les 532,758 kilomètres carrés qui composent la Turquie ont de puissants gîtes de minerais de fer et de houille. Ces gisements sont faciles à exploiter ; ils affleurent à la surface du sol.

La Bosnie particulièrement renferme d'importantes mines de fer. Ces mines ont été exploitées depuis des siècles, mais actuellement elles sont en partie abandonnées. Les moyens employés pour l'extraction du minerai sont primitifs, tout est resté stationnaire, aucun progrès n'est venu donner une impulsion à cette industrie.

Les minerais extraits renferment environ 60 pour cent de fer.

La production annuelle s'élève à environ 5,000 tonnes de fer brut.

En somme l'industrie sidérurgique de l'empire ottoman a un développement insignifiant qui s'amoindrit d'année en année au lieu de progresser.

GRÈCE

La Grèce renferme des gîtes de minerais abondants et d'excellente qualité Ces minerais consistent en : *fer oligiste, fer spéculaire* et *fer magnétique.*

Les anciens ont extrait ces minerais en quantité considérable sauf pourtant le *fer* magnétique devant l'exploitation duquel ils reculèrent ne possédant que des moyens d'extraction très-élémentaires. Le sol de la Grèce renferme d'importantes richesses minérales.

Comme combustibles, la houille et le lignite s'y trouvent en abondance. mais les voies de communication laissent beaucoup à désirer.

Cet état de choses sera pendant longtemps un obstacle au développement de l'industrie sidérurgique en Grèce.

RUSSIE

Les minerais de fer se trouvent en abondance dans presque toutes les provinces russes. Les monts *Ourals* surtout en renferment des dépôts d'excellente qualité.

Le fer magnétique, *l'Hématite rouge*, et *l'Hématite brune* composent ces amas, il existe aussi dans l'Oural des minerais de fer au chrome mélangés avec *la serpentine*.

Les monts *Donetz* viennent après les monts Ourals pour la production du minerai; les mines de ces montagnes sont dans des conditions très-avantageuses, car elles se trouvent à proximité de bassins houillers.

Les minerais qu'on rencontre sont l'*Hématite brune*, l'*Hydrate de fer* et celui appelé *Sphérosidérite*, à cause de la forme particulière des gangues qui composent les amas.

Dans les provinces ou gouvernements de *Wladimir, Nischny-Nowgorod, Noscou, Tambow, Kostroma. Kaluga, Rjasan, Tula, Orel, Pensa*, on rencontre le minerai argileux, l'hématite brune, la sphérosidérite, et le minerai des prairies.

Dans les provinces de l'Ouest, on rencontre

également le minerai des marais en grande quantité.

Dans le gouvernement d'*Olonetz* on trouve : du minerai de marais, de l'*hématite brune*, du *mica ferrugineux*, du *sulfate de fer* et du *fer magnétique*.

La *Finlande* a des amas de *fer magnétique* et du *minerai de prairies*.

Le *Royaume de Pologne* renferme de la *sphérosidérite* et de i'*hématite brune*.

Le *Caucase* et la *Russie d'Asie* possèdent des exploitations remarquables.

La production totale de minerais de fer s'est élevée :

En 1866 à	581.771	tonnes
En 1867 à	583.282	—
En 1868 à	662.131	—
En 1869 à	696.400	—
En 1870 à	799.396	—
En 1871 à	831.535	—
En 1872 à	893.614	—
En 1873 à	908.507	—
En 1874 à	934.783	—
En 1875 à	1.063.831	—

Comme on le voit cette production a toujours été en augmentant et a presque doublé en l'espace de dix années.

L'industrie sidérurgique a rapidement progressé depuis quelques années en Russie ; la crise ne s'est pour ainsi dire pas fait sentir en ce pays ; cela provient de ce que la Russie, jusqu'en ces derniers temps, s'est presque toujours approvisionnée à l'étranger, et qu'elle a pu trouver chez elle, grâce aux subventions et encouragements du gouvernement russe, une production presque suffisante à la consommation.

La Russie a produit :

En 1871 : 359.272 tonnes de fonte et 254.002 tonnes de fer ;

En 1872 : 399.373 tonnes de fonte et 268.123 tonnes de fer ;

En 1873 : 384.356 tonnes de fonte et 255.296 tonnes de fonte ;

En 1874 : 380.236 tonnes de fonte et 294.441 tonnes de fer ;

En 1875 : 426.896 tonnes de fonte et 303 819 tonnes de fer.

Comme on le voit, en 1875 la production s'est accrue en Russie, tandis qu'au contraire, dans cette même année, la Grande-Bretagne, la France, l'Autriche, l'Allemagne et les Etats-Unis éprouvaient une diminution importante dans toutes les parties de l'industrie sidérurgique.

Comme nous l'avons déjà dit la production totale de minerais s'est élevée, en 1875, à 1.063.831 tonnes.

Cette production se répartit ainsi entre les différents gouvernements ou provinces qui composent l'empire russe :

GRAND-DUCHÉ DE FINLANDE

Wibory.............. 7.910 tonnes
Saint-Michel........ 74.737

PROVINCES SEPTENTRIONALES

Wologda............   798 tonnes
Olonetz.............   2.508

GRANDE RUSSIE

Kaluga.............   44.643 tonnes
Wladimir 15.242
Nischny-Nöwgorod.   95.400
Tambow............   21.062
Rjasan. 12.286
Tula...............   3.895
Orel...............   5.474

RUSSIE BLANCHE

Wilua..............   13.266 tonnes
Wolhynie 5.034

NOUVELLE RUSSIE

Jekaterinosslaw....   14.818 tonnes.
Territoire des Cosa-
ques du Don......   3.391

EMPIRE DE KASAN

Pensa ....   698 tonnes.
Wjatka.............   68.998
Perm..............   431.708

EMPIRE D'ASTRACKAN

Orembourg ....   23.343 tonnes.
Ufa................   73.652

ROYAUME DE POLOGNE

Piotrkow............	33.299 tonnes.
Radom..............	92.187
Kjelitz...............	7.827

SIBÉRIE

Tomsk...............	1.065 tonnes.
Genisseisk......	3.477
Irkutsk...............	4.732
Transbaikalie.	2.281

La production totale de fonte brute, fer fondu, fonte moulée, fer en barres, rails, tôle, etc., s'est élevée à 1.644.322 tonnes (renseignements pris dans une brochure de M. John-Pechar directeur de chemin de fer à Teplitz).

Cette production est répartie entre les diverses provinces :

PROVINCES BALTIQUES

Saint-Pétersbourg...	24 388 tonnes.

GRAND DUCHÉ DE FINLANDE

Abo-Bjorneborg.....	16.215 tonnes.
Tawastehus.........	567
Nyland..............	13.445
Wiborg.............	10.851
Saint-Michel........	9.779
Knopio.............	32.849
Wasa...............	146
Uleaborg...........	11.681

PROVINCES SEPTENTRIONALES

Wologda............ 1.237 tonnes.
Olonetz............. 6.298

GRANDE RUSSIE

Nowgovod...........   3 tonnes.
Kaluga............. 74.083
Wladimir........... 20.070
Nischny-Nowgorod. 88.225
Tambow............ 14.219
Rjasan 12.446
Tula............... 6.009
Orel............... 16.675

RUSSIE BLANCHE

Wilna 19.221
Wolhynie........... 6.146

NOUVELLE RUSSIE

Jekaterinosslaw.... 35.546 tonnes
Territoire des Cosa-
ques du Don...... 8.517

EMPIRE DE KASAN

Pensa.............. 1.803 tonnes
Wjatka............ 88.132
Perm.............. 789.411

EMPIRE D'ARTRACKAN

Orembourg......... 49.198 tonnes
Ufa............... 111.595

ROYAUME DE POLOGNE

Piotrkow............	21.713 tonnes
Radom............ ..	116.806
Kjelitz...............	17.499
Ljublin	4.178
Sjdedletz	2.957
Plotzk	41

SIBÉRIE

Tomsk	1.962 tonnes
Gennisseisk	8.460
Irkutsk	8.687
Transbaikalie............	4.233

L'accroissement de la production est surtout remarquable en ce qui concerne l'acier.

La producton totale d'acier était :

En 1860, de	1.051 tonnes
En 1866, de	3.932 »
En 1870, de	8.788 »
En 1875, de	12.928 »

En quinze années, cette production est donc devenue douze fois plus forte.

Les minerais sont riches en fer et ont presque tous de fortes teneurs en manganèse.

Les hauts-fourneaux employés sont en général du systéme Raschette, ce qui permet d'augmenter le cube de l'appareil tout en évitant un creuset d'une largeur qui nécessiterait une pression de vent que le charbon de bois ne pourrait supporter.

Plusieurs des hauts-fourneaux ont jusqu'à 20 mètres de hauteur, ils ont de 6 à 10 tuyères et marchent à gueulard ouvert, plusieurs de ces fourneaux produisent de 25 à 30 tonnes par 24 heures.

Toutes les usines sont installées (surtout dans les Ourals), sur le bord de lacs très-étendus, dont on se sert comme force motrice, en y aménageant des chutes.

La fabrication des rails en acier a pris naissance en 1875 dans les usines de M. Demidoff.

Des gîtes puissants de houille existent dans les Ourals et fourniront dans l'avenir un combustible excellent pour la fabrication du fer et de l'acier.

Quelques hauts-fourneaux marchent à la houille; il en est même un à *Grushevka*, qui consomme de l'anthracite.

La métallurgie du fer était principalement représentée à la section russe par l'exposition de M. Demidoff, prince de San Donato.

Cette exposition, placée partie en bande murale, occupait un vaste espace; on y remarquait :

Des minerais de fer et de cuivre ;

Du fer magnétique ;

De la limonite ;

Du fer oligiste ;

Des échantillons de fonte et de fer ;

De l'or natif ;

Du platine natif ;

Des argiles réfractaires ;

Des plans et vues des mines et des usines.

Nous allons donner quelques détails sur les usines de M. Demidoff ; ce sera montrer suffisamment à nos lecteurs ce qu'est la sidérurgie en Russie.

Toutes les usines de M. Demidoff se trouvent dans un territoire, propriété du comte, appelé *Nijné-Taguilsk*.

Ce territoire est situé dans la partie sud du district de *Verkotourie*, dans le gouvernement de Perm.

Il y a onze usines, qui sont :

Celle de	*Nijné-Taguilsk* . .	fondée en	1725
—	*Vuïa*	—	1721
—	*Laïa*	—	1720
—	*Nyné-Saldinsk* . .	—	1760
—	*Verkni-Saldinsk* . .	—	1782
—	*Tcherno-Sototchnik*	—	1729
—	*Vicimo-Chaïstansk* .	—	1741
—	*Vicimo-Oulkinsk* . .	—	1770
—	*Avrorinskoï* . . .	—	1850
—	*Antonowskoï* . . .	—	1853
—	*Issa*	—	1873

La propriété de Nijné-Taguilsk a 168 verstes de longueur sur environ 40 verstes de largeur (179 kilomètres et 760 mètres de long sur 43 kilomètres de large), elle s'étend depuis le port d'*Oust-Oulkinsk* au sud-ouest jusqu'à la rivière *Proskofeskaïa-Salda*, au nord-est.

Les monts Ourals partagent cette bande de terrain en deux parties égales.

Comme le montrait une carte géologique

exposée, l'aspect extérieur du sol présente les terrains carbonifère, dévonien et silurien.

Le minerai de fer se trouve en grande abondance dans le terrain silurien; les principales mines sont celles de *Vuisokogorsk* et de Lebajka; la première, depuis cinq quarts de siècle, a donné 2,490,000 tonnes de minerai.

Les travaux des différentes usines sont les suivants :

1° Extraction de l'or et du platine.

2° Extraction du minerai de cuivre.

3° Traitement des minerais (cuivre).

4° Laminage du cuivre en feuilles.

5° Extraction des minerais de fer.

6° Traitement des minerais de fer.

7° Transformation de la fonte en fer dans des fours à puddler.

8° Transformation du fer brut en fer en barres, en tôles, etc.

9° Préparation de l'acier cémenté.

10° Préparation du petit matériel pour chemin de fer.

11° Chaudronnerie.

12° Atelier Bessemer.

13° Atelier Siemens-Martin.

La production annuelle totale s'élève, en fers et aciers, à 27,846,000 kilogrammes, repartis comme suit :

Fer en barres	409.500 kil.
Fer assorti	7.371.000 —
Rails	11.446.000 —
Tôle pour toiture	4.095.000 —

Fers spéciaux divers . . . . 3.931.200 —
Acier de cémentation en barres. 491.400 —
Acier assorti pour ressorts . . 81.900 —

Le matériel de fabrication se compose de :

6 Hauts-fourneaux du type Rachette ;
2 — type de l'Oural ;
1 — type écossais ;
1 — pour fonte spéculaire ;
4 Cubilots pour seconde fusion ;
6 Fours à réverbère pour seconde fusion (système ordinaire) ;
2 Fours pour seconde fusion (système Siemens). Ces fours peuvent contenir 8 tonnes ;
3 Fours Siemens-Martin ;
16 Fours à puddler ordinaires ;
20 Fours à puddler (système Boetius) ;
8 Fours à réchauffer ordinaires ;
7 Fours à réchauffer Boetius ;
17 Fours à réchauffer Siemens ;
26 Fours à recuire ;
1 Grand four de cémentation ;
6 Petits fours de cémentation ;
63 Fours pour dessécher le bois ;
2 Convertisseurs Bessemer contenant chacun 5 tonnes ;
29 Feux d'affinerie méthode comtoise.

MACHINES

15 Souffleries hydrauliques ;
6 Souffleries à vapeur ;
4 Ventilateurs ;

5 Laminoirs hydrauliques à fers marchands;
1 Laminoir à vapeur, à fers marchands;
3 Laminoirs à vapeur pour la fabrication
    des millbars;
12 Trains hydrauliques à tôles :
7 Monte-charges à vapeur ;
1 Monte-charges pneumatique ;
5 Pompes d'épuisement à vapeur ;
2 Scies à bois :
17 Cisailles ;
5 Scies circulaires ;
1 pièce à poinçonner les rails ;
2 Concasseurs pour minerais ,
1 Pompe foulante pour appareils Armstrong
    destinés à faire fonctionner les conver-
    tisseurs de l'atelier Bessemer ;
1 Elevateur.
3 Grues ;
1 Accumulateur ;

MARTEAUX

7 marteaux cingleurs hydrauliques ;
7 Marteaux à vapeur ;
22 Marteaux de forges ;
9 Marteaux à lustrer les tôles ;
9 Marteaux à étendre les plaques.

PETITE FORGE

4 Feux de forge pour plaques ;
160 Feux de forge ;
1 Marteau-pilon à vapeur ;
1 Marteau à ressorts ;
1 Marteau à soulèvement ;

10 Petits marteaux à queue ;

53 Tours divers ;

14 machines à raboter ;

4 Machines à poinçonner.

6 Machines à fileter ;

1 Machine à tailler les dents de scies ;

15 Machines à percer ;

3 Presses hydrauliques ;

1 Machine à forger ;

1 Machine à courber le fer ;

1 Cisaille pour petit fer ;

2 Ventilateurs ;

1 Scie circulaire ;

MENUISERIE

2 Tours ;

1 Scie à ruban ;

3 Machines à raboter ;

1 Scie circulaire ;

5 Scies hydrauliques :

2 Scies à vapeur.

BRIQUETERIE

15 Pilons concasseurs ;

1 Pétrisseur ;

2 Rouleurs ;

1 Buteur ;

2 Presses à mouler les briques ;

12 Fours à briques.

Tous les engins mécanique sont mûs par 139 moteurs hydrauliques et à vapeur d'une force totale de 5422 chevaux.

La plupart des générateurs à vapeur sont chauffés soit par les gaz perdus des fours, soit par ceux qui s'échappent des hauts-fourneaux.

Beaucoup de machines à vapeur ne sont utilisées que quand les moteurs hydrauliques ne peuvent plus fonctionner, par suite du desséchement des étangs.

La population de la propriété du comte Demidoff s'élève à 60,000 âmes ; 34,000 environ habitent le bourg de *Nijné Taguilsk,* bourg le plus important du gouvernement de Perm.

Les hommes occupés dans les usines sont payés à la tâche.

Nous allons donner la moyenne des salaires par journée de 12 heures.

L'ouvrier métallurgique ordinaire tel que :

Aide-puddleur, frappeur, etc	de 2 fr. 00 à 2 fr. 20
Le puddleur	de 2 fr. 40 à 4 fr. 40
L'ouvrier de 1re classe .	de 2 fr. 40 à 7 fr. 00
Le mineur	de 3 fr. 00 à 4 fr. 00
Le forgeron, serrurier, etc	de 3 fr. 00 à 4 fr. 00
Le charretier, travaillant avec son cheval . .	de 2 fr. 80 à 4 fr. 80
Le manœuvre . . .	de 0 fr. 80 à 1 fr. 40
Femmes et enfants . .	de 0 fr. 48 à 0 fr. 72

Comme on le voit les salaires sont bien moins élevés que dans nos contrées.

Le transport des produits se fait principalement à l'aide de chevaux ; en été une partie se fait par eau.

Les lieux de vente principaux sont à la foire

de *Nijny-Nowgorod*, à *Saint-Pétersbourg*, à *Rastoff* sur le *Don*, à *Perm* et à *Kasan*.

Donnons quelques détails sur l'aciérie Bessemer et Martin créé en 1874 et qui commence à prendre de l'importance ; nous indiquerons ensuite, pour terminer notre description des usines de M. Demidoff, quelques analyses qui pourront intéresser ceux de nos lecteurs qui s'occupent spécialement de métallurgie.

Atelier Bessemer. — Cet atelier contient deux cornues (système anglais) de la capacité de cinq tonnes chacune, trois hauts-fourneaux, deux fours Siemens à réverbère pour fusion de la fonte et deux cubilots pour fondre le spiegel.

La machine soufflante se compose de quatre turbines d'une force de cent vingt-cinq chevaux chacune. En outre, chaque cylindre soufflant est muni d'une machine à vapeur dans le cas où l'eau vient à manquer.

Chaque cornue porte sept tuyéres, chacune à sept ouvertures dont le diamètre est de 18 millimètres. La pression maxima du vent est de 1 atmosphère 1/2.

L'opération, en se servant de la fonte coulée directement du haut-fourneau, dure de 18 à 23 minutes, avec la fonte provenant du réverbère de 8 à 14 minutes ; 1,000 kilogrammes de fonte donnent environ 900 kilogrammes de lingots d'acier.

Les lingots pèsent environ 340 kilogrammes chacun, ils ne sont pas martelés, on les place encore rouges dans un four à réchauffer, puis on les lamine.

On fait, en moyenne, seize opérations par jour.

Les tuyères ne supportent guère que deux opérations.

Atelier Siemens Martin. — L'atelier se compose de deux fours contenant chacun 8 tonnes et de deux fours à réchauffer.

L'opération dure treize heures. On ajoute à la fin de chaque opération 150 kilogrammes de ferro-manganèse, lequel contient 38 pour cent de manganèse et est preparé à l'usine.

Les établissements de M. Demidoff sont bien aménagés ; chaque usine à son église, son hôpital, sa pharmacie et son école.

C'est évidemment le principal établissement métallurgique de toute la Russie.

ANALYSES DE MINERAIS DE GER

1° Fer magnétique provenant de la mine de *Lebiajinsky*.

Le rendement de ce minerai est environ de 70 pour cent de fer.

Sa composition est la suivante :

Silice.... ....   5.285 parties sur 100.
Alumine..............   1.238   —
Oxyde de fer.. ......   89.313   —
Oxyde de manganèse.   0.404   —

Chaux	2.203 parties sur 100.
Phosphore	0.275 —
Eau et acide carbonique .	2.278 —

2° *Limonite* provenant de la mine de *Schilowsky,* donnant encore 63 pour cent de fer.

Il se compose sur cent parties de :

Silice	5,366
Alumine	2,066
Oxyde de fer	81,570
Phosphore	0,885

3° *Fer oligiste* provenant de la mine *Wissimo-Chaitansky* donnant environ 62 pour cent de fer.

Sa composition est la suivante :

Sur cent parties on a trouvé :

Silice	1,690
Alumine	1,112
Oxyde de fer	94,920
Soufre	0,135
Phosphore	traces.

4° *Minerai de manganèse* provenant de la mine de *Sapalsky.*

La composition de ce minerai est sur cent parties :

Silice	10,210
Oxyde de fer	20,220
Oxyde de manganèse .	64,520

Analyse des laitiers provenant des hauts-fourneaux.

1° Laitier de fonte silicieuse, sur cent parties on a trouvé :

Silice.	48,590
Alumine.	20,850
Protoxyde de fer. . .	2,075
Protoxyde de manganèse	12,108
Chaux	12,400

2ᵉ Laitier de fonte spéculaire.
Sur cent parties on a trouvé :

Silice.	28,895
Alumine	4,750
Protoxyde de fer. . .	2,400
Protoxyde de manganèse	43,410
Chaux	8,850

Analyse des fontes

La fonte blanche provenant des minerais de la mine de Lebiagensky, à Nijne - Taguilsk, contient 0,3137 de phosphore

La fonte blanche provenant de Wierchné-Salda a la composition suivante :

Silice.	0,300	parties sur 100.
Carbone. . . .	3,914	»
Graphite . . .	0,298	»
Cuivre	0,025	»
Phosphore. . .	traces	»

Analyse d'une fonte silicieuse.
Sur cent parties on a trouvé :

Silicium	3,640
Carbone.	0,570
Graphite.	2,300

———

Les fontes spéculaires renferment de 15 à 18 pour cent de manganèse.

Le ferro-manganèse renferme de 25 à 52 pour cent de manganèse.

Les analyses des fers marchands ont donné les résultats suivants :

1° *Fer affiné :*

Silice . . .	0.115	parties sur 100
Carbone . .	0.125	— —
Soufre . .	0.023	— —
Phosphore .	0.0004	— —
Cuivre . .	0.030	— —

2° Le fer puddlé renferme à peu près de 0,170 à 0,360 de carbone combiné.

3° Les rails en fer renferment de 125 à 250 de carbone.

4° L'acier Martin renferme de 0,0163 de carbone jusqu'à 0,820 pour cent.

5° L'acier Bessemer renferme de 0,220 à 1,410 pour cent de carbone.

Nous croyons avoir assez dit sur la composition des matières provenant des établisements du prince Demidoff pour montrer à nos lecteurs ce qu'est la sidérurgie en Russie, en prenant ces établissements comme types.

Quant à l'avenir de la métallurgie du fer en ces vastes contrées, peut-on le prévoir?

Nous pensons que oui et nous croyons pouvoir affirmer que le développement de la métallurgie du fer sera considérable si le réseau de chemins de fer déjà très-étendu se développe encore. Mais avec un territoire comme celui de la Russie, avec une population aussi clair-semée qu'elle l'est dans certaines provinces, ce résultat nous semble très-difficile à atteindre.

ÉTAS-UNIS DE L'AMÉRIQUE DU NORD.

En 1871, l'Angleterre a exporté aux États-Unis 750,000 tonnes de fer, le quart environ de sa production sidérurgique; trois ans après, en 1874, cet énorme chiffre s'était abaissé à 130,000 tonnes. Est-il une plus grande preuve d'une augmentation formidable dans la production métallurgique du Nouveau-Monde.

La grande difficulté à vaincre pour les États-Unis c'était d'abréger la longueur des communications et d'augmenter les moyens de transports; sous ce rapport, le possible a été fait.

Les richesses minérales de ce pays sont immenses, les chemins de fer ont relie les districts les uns aux autres, des amas considérables de combustibles minéraux et de minerais ont pu être exploités et de nombreuses usines ont été créées sur leur parcours.

Les bois étant, aux États-Unis, de bien moins de valeur qu'en Europe, il s'ensuit qu'on employait dans le principe le bois pour la fabrication de la fonte. Il y a vingt ans, le tiers de la production provenait de hauts-fourneaux au charbon de bois; actuellement cette production ne représente que le cinquième de la production totale.

Les combustibles minéraux abondent aux États-Unis.

Les combustibles gazenx naturels se montrent également avec assez d'abondance ; M. *Lowthiau Bell* rapporte qu'il connaît plusieurs particuliers qui chauffent et éclairent leur maison par le gaz hydrocarboné obtenu en forant simplement un trou dans le sol ; ainsi dans des usines près de Pitssburg, il s'échappe d'un trou de 0,075 millimètres de diamètre et d'une profondeur de 360 mètres, un courant d'hydrogène protocarboné à une pression de deux atmosphères. Ce courant est tellement abondant qu'il suffit pour chauffer tous les appareils de l'usine tels que générateurs, fours à puddler, etc.

L'Anthracite est une des richesses du sol américain ; la moitié de la production de la fonte s'obtient actuellement à l'Anthracite.

Ce combustible se rencontre en amas assez considérables dans deux bassins éloignés, l'un dans le *Massachusetts* et le *Rhode-Island;* l'autre dans la *Pensylvanie.*

On a commencé à extraire l'anthracite en 1820 ; depuis cette époque cette extraction a pris un développement considérable.

En 1820 la production s'élevait à 1,965 tonnes; en 1873, elle atteignait le chiffre de 23,247,016 tonnes; depuis elle a un peu baissé car en 1876, elle n'était plus que de 19,304,000 tonnes.

Un fait qui frappe les yeux de tous les

voyageurs dans les ports des Etats-Unis c'est la quantité d'amas de coquilles d'huîtres qu'on y trouve ; ces énormes tas de coquilles qui étonnent tant ne sont que des approvisionnements de fondants pour les hauts-fourneaux.

La coquille d'huître contient jusqu'à 95 pour cent de carbonate de chaux et fort peu de matière pouvant exercer une fâcheuse influence sur la fonte ; or, comme les Américains sont de gros consommateurs d'huîtres on a eu l'idée d'utiliser les restes de ces bivalves.

MINERAIS. — Le minerai de *fer magnétique*, de *fer spéculaire*, d'*hématite brune*, d'*hématite rouge*, et le *minerai argileux* se trouvent en abondance dans presque tous les Etats de l'Amérique du Nord.

Les gisements de *minerais magnétiques* se trouvent sur le côté oriental des montagnes noires et des montagnes rocheuses. Un des gites les plus importants est celui qui est placé au bord du lac Champlain. Les minerais que l'on rencontre là sont noirs à brillantes facettes ; ce sont d'énormes cristaux enracinés profondément dans un mélange d'*apatite*, de *quartz* et de *chlorite*.

On emploie ce minerai pour la fabrication des fontes Bessemer ; on s'en sert également pour garnir l'intérieur des fours à puddler.

Ce minerai est assez difficile à extraire lorsqu'il se trouve réuni en masses ; alors on est obligé de l'exploiter à la poudre et à la dynamite.

La Pensylvanie renferme également d'excellents minerais de fer magnétique. Ce minerai est eu outre exploité en *Virginie*, dans la *Caroline du Nord* et dans la Géorgie.

M. Valton, dans son excellent rapport sur l'Exposition de Philadelphie, dans lequel nous avons puiséla plus grande partie de nos renseignements sur l'Amérique, M. Valton, disons-nous, donne une série d'analyses de minerais magnétiques ; nous allons en reproduire quelques-unes pour permettre à nos lecteurs de juger de l'excellente qualité de ce minerai :

1° Minerai provenant du lac Champlain :

Fer.	52.100
Manganèse. . .	0.120
Silice.	9.440
Alumine. . . .	8.600
Chaux	0.720
Magnésie . . .	1.080
Acide titanique.	7.280
Soufre.. . . .	0.00030
Phosphore. . .	0.00040

2° Minerai provenant de Port-Henry :

Fer	71.110
Silice.	1.040
Chaux	0.050
Acide titanique.	0.460
Phosphore. . .	0.00020

3° Minerai provenant de *Sterling* (New-York) :

Fer	62.40000
Manganèse. . .	0.08000
Silice.	5.43000
Alumine . . .	3.23000
Chaux.	3.41000

Magnésie 0.94000
Soufre 0.00206
Phosphore. . . 0.00723

4° Minerai provenant de Ring-Wood-Hewitt
(New-Jersey) :

Fer 48.80000
Manganèse. . . 0.12000
Silice. 17.30000
Alumine . . . 9.17000
Soufre 0.04540
Phosphore . . . 0.00084

5° Minerai provenant de Virginie :

Fer 65.71000
Manganèse . . 0.08000
Silice. 4.10000
Alumine . . . 4.43000
Chaux 0.29000
Magnésie . . . 0 12000
Acide titanique. . 0.15000
Phosphore. . . . 0.00009

6° Minerai provenant de Pensylvanie :

Fer 37.47000
Manganèse. . . 0.07000
Silice. 35.65000
Alumine . . . 7.04000
Chaux 0.88000
Magnésie . . . 0.76000
Soufre 0.00160
Phosphore. . . 0 00070

Comme nous le montrent les six analyses que
nous venons de mettre sous les yeux de nos
lecteurs, ces minerais contiennent du phos-

phore en très-petite quantité, en moyenne 0,00050 pour cent.

Les *gîsements de minerais spéculaires* se trouvent principalement au lac *supérieur* et au *Missouri*. Les mines de ces contrées sont exploitées à ciel ouvert. Il y a une grande quantité de mines en exploitation; elles ont produit :

861,405 tonnes		en 1870
813,379	»	en 1871
942,077	»	en 1872
1,174,562	»	en 1873
934,895	»	en 1874
904,476	»	en 1875

La teneur de ces minerais varie de 50 à 66 pour cent de fer. Ils contiennent du phosphore en très-petite quantité. Citons deux analyses pour montrer la composition de ce minerai :

1° Minerai provenant du *Lac supérieur.*

Fer	63,00000
Silice	4,72000
Alumine	1,87000
Chaux	1,20000
Magnésie	1.60000
Soufre	0,00030
Phosphore . . .	0,00220

2° Minerai provenant du *Missouri.*

Fer	67,41000
Manganèse . . .	0,07000
Silice	3,02000
Alumine	0,06000
Chaux	0,32000
Phosphore . . .	0,00016

L'Hematite rouge se rencontre en un gisement qui, partant du nord du *Wisconsin*, parcourt le *Canada* et va se perdre dans le *Tenessée*.

Ces minerais ne peuvent être employés pour la fabrication du Bessemer, ils sont trop phosphoreux.

Voici à peu près leur composition :

Fer. . . .	de 39 à 66 p. 100
Manganère . .	des traces à 0,37 »
Silice . . .	de 1,80 à 29,99 »
Alumine. .	de 1,32 à 5,48 »
Chaux . .	de 0,13 à 6,03 »
Magnésie .	de 0,50 à 1,60 »
Eau . . .	de 3,80 à 9,85 »
Soufre . .	de 0,00010 à 0,00140 »
Phosphore .	de 0,00310 à 0,01740 »

Les *Limonites* se rencontrent sur toute la surface des bassins houillers; on en trouve également en couches régulières dans des amas de houille.

Ils sont très-souvent manganésifères et dondent des spiegel à haute teneur, il sont tous très-phosphoreux. Leur rendement en fer varie de 36 à 66 ponr cent et ils renferment quelquefois jusqu'à 23 pour cent de manganèse.

Le *carbonate de fer* ou *minerai spathique* se rencontre en très-petite quantité.

Il n'y a que deux gisements de ce genre de minerai, dont l'exploitation est d'ailleurs abandonnée.

Le rendement en fer de ces minerais ne dépasse guére 35 pour cent et n'est très-souvent que de 24 à 25 pour cent; en outre ils sont très-phosphoreux.

Comme transports, les Etats-Unis d'Amérique sont actuellement dans de trés-bonnes conditions, car indépendemment de 116,000 kilomètres de chemins de fer, de 9000 kilomètres de canaux, ils sont sillonnés par de nombreux fleuves et riviéres parfaitement naviguables.

En effet, regardons une carte et examinons le bassin du *Mississipi;* nous verrons que ce fleuve avec son parcours de 4,500 kilomètres et celui de ses affluents, tels que le *Missouri,* l'Illinois et l'Ohio, relie entr'eux tous les Etats du centre.

En examinant le bassin de l'Atlantique, nous verrons que les communications naturelles ne sont pas moins bien placées ni moins nombreuses.

L'examen du Nord nous montre une quantité de grands lacs reliés entr'eux et allant se déverser dans l'Océan par le fleuve *St-Laurent,* en outre ces lacs sont en communication avec le Mississipi au moyen d'un canal qui relie le lac *Michigan* à la rivière l'*Illinois,* un autre canal réunit ce lac avec l'*Hudson* et par conséquent établit un moyen de transport entre New-York et les Etats du Nord.

Les tarifs très-différents entre plusieurs

Compagnies qui ne sont aucunement forcées d'avoir des prix uniques, sont fort bas ; mais comme généralement les distances à parcourir sont considérables, les transports jouent un grand rôle dans les prix de revient.

La grande raison que l'on a donné jusqu'ici et que l'on donne encore pour prouver que l'industrie américaine ne pent lutter avec celle de l'Europe, c'est que le prix de la main-d'œuvre est bien plus élevé là-bas qu'ici.

Cette raison avait une certaine valeur il y a quelques années ; mais actuellement elle devient de plus en plus fausse. En effet, les puddleurs et lamineurs qui gagnaient jusqu'à 50 francs par jour, n'ont plus actuellement qu'un salaire de 8 à 10 francs.

Il est donc bien évident que si l'on n'y prend garde, les marchés du vieux continent seront un jour inondés des produits du Nouveau-Monde ; les Américains perfectionnent leurs moyens mécaniques avec une grande hardiesse ; à nous de les imiter.

Actuellement, les Etats-Unis occupent la deuxième place au point de vue du chiffre de production de la fonte.

Nous allons donner les chiffres auxquels s'est élevée annuellement cette production depuis l'année 1810 :

Année	1810.	.	.	54.867	tonnes
—	1820.	.	.	20.321	—
—	1830.	.	.	167.651	—
—	1810	.	.	320.060	—
—	1850.	.	.	573.823	—

—	1860	. .	834.415	—
—	1866	. .	1.225.031	—
—	1867	. .	1.325.987	—
—	1868	. .	1.454.242	—
—	1869	. .	1.738.777	—
—	1870	. .	1.691.928	—
—	1871	. .	1.734.211	—
—	1872	. .	2.589.655	—
—	1873	. .	2.602.101	—
—	1874	. .	2.439 835	—
—	1875	. .	2.056.242	—
—	1876	. .	1.898 981	—

HAUTS-FOURNEAUX

Hauts-fourneaux au bois. — Il existait aux Etats-Unis d'Amérique, en 1876, 280 hauts-fourneaux au charbon de bois dont 73 seulement étaient en feu. Ces appareils ont produit un total de 280,006 tonnes de fonte, réparties comme suit entre les divers Etats :

Maine, 1 haut-fourneau au bois ayant produit 2,723 tonnes.

Massachusetts, 1 haut-fourneau au bois ayant produit 5,070 tonnes.

Connecticut, 4 hauts-fourneaux au bois ayant produit 9,216 tonnes.

New-York, 5 hauts-fourneaux au bois ayant produit 7,334 tonnes.

Pensylvanie, 16 hauts-fourneaux au bois ayant produit 20,960 tonnes.

Maryland, 4 hauts-fourneaux au bois ayant produit 12,756 tonnes.

Virginie, 5 hauts-fourneaux au bois ayant produit 6,667 tonnes.

Georgie, 1 haut-fourneau au bois ayant produit 817 tonnes.

Alabama, 4 hauts-fourneaux en feux ayant donné 21,544 tonnes.

Kentucky, 2 hauts-fourneaux en feux ayant donné 15,888 tonnes.

Tennessee, 3 hauts-fourneaux en feux ayant donné 9,123 tonnes.

Ohio, 11 hauts-fourneaux en feux ayant donné 44,390 tonnes.

Indiana, 1 haut-fourneau en feux ayant donné 1,522 tonnes.

Michigan, 6 hauts-fourneaux en feux ayant donné 74,828 tonnes.

Wisconsin, 5 hauts-fourneaux en feux ayant donné 23,824 tonnes.

Missouri, 4 hauts-fourneaux en feux ayant donné 23,524 tonnes.

Hauts-fourneaux à l'anthracite. — Le nombre des hauts-fourneaux à l'anthracite s'élevait, en 1876, à 228, dont 85 étaient en exploitation. Ces 85 appareils avaient produit un total de 720,841 tonnes réparties comme suit entre les divers Etats :

New-York, 18 hauts-fourneaux ayant donné 157,431 tonnes.

New-Jersey, 4 hauts-fourneaux ayant donné 22,997 tonnes.

Pensylvanie, 62 hauts fourneaux ayant donné 534,185 tonnes.

Maryland, 1 haut-fourneau ayant donné 6,228 tonnes.

Comme on le voit, on ne fabrique la fonte à l'anthracite que dans 4 Etats.

* * *

Hauts-fourneaux à la houille et au coke. — Le nombre de ces appareils s'élevait à 206 dont 78 étaient en activité en 1876. Ils ont produit un total de 898,036 tonnes, réparties de la manière suivante :

Pensylvanie, 35 hauts-fourneaux en activité ayant produit 360,770 tonnes.

Virginie, 1 haut-fourneau en activité ayant produit 4,394 tonnes.

Georgie, 1 haut-fourneau en activité ayant produit 9,078 tonnes.

Alabama, 1 haut-fourneau en activité ayant produit 1,281 tonnes.

West-Virginie, 1 haut-fourneau en activité ayant produit 37,070 tonnes.

Kentucky, 2 hauts-fourneaux en activité ayant produit 15,850 tonnes.

Tennessee, 2 hauts-fourneaux en activité ayant produit 13,154 tonnes.

Ohio, 27 hauts-fourneaux en activité ayant produit 321,464 tonnes.

Indiana, 2 hauts-fourneaux en activité ayant produit 11,670 tonnes.

Illinois, 3 hauts-fourneaux en activité ayant produit 49.141 tonnes.

Michigan, 1 haut-fourneau en activité ayant produit 11,521 tonnes.

Wisconsin, 3 hauts-fourneaux en activité ayant produit 22,680 tonnes.

Missouri, 2 hauts-fourneaux en activité ayant produit 40,010 tonnes.

Comme on le voit, c'est encore la Pensylvanie qui produit le plus.

En résumé, il existait, en 1876, 713 hauts-fourneaux dont 236 seulement en activité.

Les hauts-fourneaux marchant à l'anthracite ont jusqu'à 22 mètres de hauteur et 6 mètres 50 de diamètre au ventre. Le vent est chauffé à 300 degrés dans des fours en passant dans des tuyaux en fonte formant jeu d'orgue. Ce vent est injecté par 8 tuyères. En Pensylvanie, la production de ces appareils est environ de 50 tonnes par jour.

Les hauts-fourneaux marchant au coke ou à la houille atteignent 25 et 27 mètres de hauteur et 6 mètres au ventre. La maçonnerie de ces engins est revêtue d'une enveloppe en tôle; elle repose sur des colonnes en fonte qui dégagent complétement les étalages qui sont recouverts d'une seconde chemise en tôle rafraichie par une circulation d'eau. Les parois du creuset, les quatre fours des embrasures de tuyères, les trous de coulées sont munis également de circulation d'eau.

Les monte-charges sont pneumatiques, la

production de ces appareils s'élève à 110 tonnes par jour.

Presque toutes les usines emploient des minerais exploités dans leurs environs, cependant quand on veut avoir des fontes supérieures on est obligé de faire venir les minerais de *New-Jersey*, du lac Champlain et du lac *supérieur*.

Après la Pensylvanie, c'est dans l'Etat de l'Ohio qu'on produit le plus de fonte.

C'est dans une usine de l'Ohio à *Iroton* qu'on a fait l'essai d'un système de haut-fourneau appelé : *système Ferrie*.

Ce système consiste à disposer à la partie supérieure du haut fourneau des espèces de chambres dans lesquelles se transforme la houille en coke ; ces chambres sont chauffées par les gaz des hauts-fourneaux ; ce qui permet d'obtenir le coke à bon marché ; néanmoins ces essais n'ont pas encore donné de résultats bien satisfaisants et ce système ne se propage guères.

La fabrication du spiegel-eisen est très-peu importante, la production dans tous les Etats ne s'élève qu'à 8,000 tonnes par année.

FABRICATION DU FER ET DE L'ACIER

Il existait en 1876, aux Etats-Unis de l'Amérique du Nord, 322 usines à fer, contenant ensemble 4175 fours à puddler pouvant fabriquer y compris les rails, 3.792.786 tonnes de fer par an.

Ces chiffres se répartissent comme suit entre les divers Etats :

ÉTATS DE L'AMÉRIQUE DU NORD	NOMBRE D'USINES	NOMBRE DE FOURS A PUDDLER	CAPACITÉ DE PRODUCTION
			Tonnes.
Maine.	2	26	22.680
New-Hampshire.	1	»	5.443
Vermont.	1	14	18.144
Massachussetts.	22	173	162.479
Rhode-Island.	2	12	15.604
Connecticut.	7	14	20.775
New-York.	23	309	326.955
New-Jersey.	16	172	128.187
Pensylvanie.	137	2153	1.473.746
Delaware.	8	31	27.216
Maryland.	5	99	83.009
Virginie.	4	46	43.963
Géorgie.	2	13	21.320
Alabama.	1	4	907
West-Virginia.	8	181	103.875
Kentucky.	10	160	94.349
Tennessée.	4	31	37.558
Ohio.	46	669	575.709
Indiana.	10	129	91.264
Illinois.	9	98	293.026
Michigan.	3	31	2.903
Wisconsin.	1	34	55.158
Missouri.	6	68	85.977
Californie.	1	5	22.680
Wyoming.	1	»	13.608
Kansas.	2	»	40.824

La production totale du fer et de l'acier s'est

élevée en 1875 à 1,890,379 tonnes, lesquelles étaient réparties comme suit :

Pensylvanie.............	738.830 tonnes.
Ohio..................	237.591
Illinois...............	200.676
New-York..............	181.606
Massachussetts.........	99.712
New-Jersey............	55.249
Virginie occidentale...	51.299
Maryland..............	46.637
Indiana...............	44.073
Wisconsin.............	42.840
Kentucky.............	33.961
Missouri..............	31.540
Virginie..............	18.843
Delaware.............	15.252
Californie.............	14.194
Georgie...............	10.325
Connecticut...........	9.618
Rhode-Island.........	9.584
Maine................	8.100
Territoire de Wyoming	7.000
Vermont..............	6.204
Kansas...............	5.000
Michigan.............	3.450
Alabama..............	1.000
New-Hampshire.......	1.000

Disons quelques mots sur les forges les plus considérables des Etats-Unis. C'est encore en Pensylvanie où l'on trouve les plus importantes usines.

Les fours à puddler sont comme en Europe

tantôt simples, tantôt doubles, ils sont chauffés directement par des grilles, ils font 6 chaudes par poste de douze heures.

Pour obtenir des fers de qualité supérieure on cingle les loupes sous le marteau-pilon; autrement on se sert de *squeezer* rotatif excentrique.

Bien que ce soit une invention américaine le four Danks est fort peu employé ; une seule usine en fait un usage sérieux ; c'est celle de M. Graff-Benett et Cᵉ, et cette usine n'est pas dans une situation trés-florissante.

Pour le laminage des fers à double T de grande dimension on emploie, ainsi que pour les longerons, les trains universels avec changement de marche.

Ce changement de marche se fait sans choc, par la friction de cônes canelés emboitant tantôt à gauche tantôt à droite; une petite machine à vapeur commande le levier de changement de marche.

Après le laminage, les pièces en fonte de grande dimension sont dressées sur une espèce de grande table en fonte ; cette table est une sorte de caisse refroidie par un courant d'eau.

On se sert dans plusieurs usines d'une scie qui coupe à froid les fers de toutes dimensions.

Cet engin consiste en un disque en acier doux sans dents, ayant 1 mètre de diamètre sur 3 millimètres d'épaisseur ; au moyen d'un moteur à vapeur de 26 à 30 chevaux on fait faire à ce disque 2,000 tours par minute ; ce disque entaille et coupe très nettement toute pièce de fer et d'acier que l'on met en contact avec sa circonférence ; ordinairement le châssis qui porte la scie est fixe et la pièce à couper, placée dans un espèce d'étau, peut être rappro chée au moyen d'un système de leviers.

La section de la coupure est tellement polie qu'il semble que la pièce a été dressée.

Signalons une opération qui se pratique à Pittsburg chez MM. Jones et Laughlius et qui consiste à fabriquer des pièces n'ayant nul besoin d'aucun travail d'ajustage.

Cette opération se fait de fait de la manière suivante : On prend la pièce (supposons une barre de fer rond). on la laisse tremper pendant quatre heures dans une eau qui contient de l'acide sulfurique. Au bout de ce temps la pièce est décapée et offre une surface rugueuse ; on la présente alors à l'une des canelures d'un laminoir parfaitement poli et très-dur, on la passe une trentaire de fois en ayant soin, après chaque passe, de donner aux cylindres un peu de serrage ; les fibres, mises à nu par l'acide, s'écrasent et présentent une surface lisse qui devient de plus en plus brillante.

Le laminoir est actionné par une machine de 80 à 120 chevaux.

Les tiges et les arbres fabriqués de cette façon sont fort employés aux Etats-Unis ; ils sont loin d'avoir l'aspect des pièces qui sortent de nos ateliers européens dans lesquels du reste ils auraient peu de succès attendu que la diminution dans le prix de revient n'est guère appréciable, en employant ce genre de fabrication.

On emploie fréquemment, aux Etats-Unis, le laminoir Lauth ; ce laminoir se compose de trois cylindres dont deux gros entre lesquels est placé un plus petit. Cette disposition permet soit d'éviter de repasser la tôle par dessus les cylindres, soit d'éviter le renversement.

On se sert également d'un systéme de releveur fort simple ; il consiste en un énorme tablier en fonte équilibré et suspendu à la tige d'un piston à vapeur placé au-dessus du train.

Depuis dix ans la fabrication de l'acier s'est accrue dans de grandes proportions.

En 1867, cette production était   2.550 tonnes.
En 1870,   —   —   34.000
En 1873.   —   —   129.015
En 1875, cette   production   a
                atteint 290.863

Il y a aujourd'hui 11 aciéries Bessemer avec 25 convertisseurs.

Ces usines se répartissent de la manière suivante dans les divers Etats :

New-York . 1 usine avec 3 convertisseurs
Pensylvanie. 5 usines avec 10 convertisseurs
Ohio. . . . 1 usine avec 4 convertisseurs
Illinois. . . 3 usines avec 6 convertisseurs
Missouri . . 1 usine avec 2 convertisseurs

Dans les usines américaines, les convertisseurs, au lieu de se faire face, comme en Europe, aux extrémités d'une corde coupant le cercle de la fosse aux lingots, sont placés les uns à côté des autres sur une même ligne. Les convertisseurs sont actionnés par des appareils hydrauliques. Le fond du convertisseur est mobile, il est retenu à l'appareil par des clavettes, de sorte que l'on peut les remplacer très rapidement lorsqu'ils sont usés. En une heure cette pièce peut être changée.

Sauf dans une usine où on a prévu la prise directe de la fonte aux hauts-fourneaux, toutes les installations américaines sont faites pour se servir de la fonte de seconde fusion.

Les machines soufflantes sont d'une très-grande force (800 chevaux généralement).

Les lingots, à leur sortie des lingotières, sont portés aux fours à réchauffer. Ces fours sont, pour la plupart, du système Siemens, l'enfournement et le défournement des lingots se font très-rapidement, grâce à l'emploi d'appareils hydrauliques fort bien agencés.

Une fois les lingots suffisamment réchauffés, on les porte au laminoir ou *Blooming*.

Le *Blooming* se compose, dans toutes les usines, de deux solides cages garnies de trois cylindres de grand diamètre à larges cannelures rectangulaires; de chaque côté se trouvent des rouleaux formant tablier, que des appareils hydrauliques font mouvoir de telle façon que l'on peut présenter le lingot aux cannelures du cylindre inférieur ou à celles du cylindre supérieur. En outre, deux flasques en fer passant entre les rouleaux peuvent prendre un mouvement de va et vient dans le sens de l'axe

des cylindres. Ces flasques sont munies d'espèces de crochets ; elles ont pour but de
manœuvrer le lingot sur le tablier et de le
présenter successivement à chaque cannelure.

Ainsi, un lingot est posé sur le tablierrécepteur, ce tablier l'amène à la première
cannelure, les rouleaux qui composent ledit
tablier sont mis en mouvement de telle façon
que le lingot est entraîné et passe dans les
cylindres ; une fois passé, les tabliers s'élèvent,
les rouleaux tournent dans le sens contraire
et font passer la pièce entre le cylindre intermédiaire et le cylindre supérieur, les tabliers
redescendent alors et l'opération se poursuit
jusqu'au passage de la dernière cannelure, où
le lingot a pris la forme d'un carré de 175
millimètres de côté. Ce lingot carré est ensuite
porté à un pilon de 20 tonnes pour être transformé en plusieurs massoquettes représentant
chacune le poids d'un rail.

Les *Bloomings* sont mis en mouvement généralement par une machine de 300 à 350 chevaux. Les rouleaux des tabliers sont mis en
mouvement dans un sens ou dans un autre par
un petit moteur de 25 chevaux.

Les massoquettes, à leur sortie du pilon, sont
portées dans des fours à réchauffer, puis ensuite
laminées en rails de 9 mètres 14 de longueur.
Les laminoirs se composent de gros cylindres
animés d'une grande vitesse (85 tours par
minute); il y a 15 cannelures, de sorte que le
laminage d'un rail dure environ une minute
demie.

A la sortie de la dernière cannelure, le rail, au moyen de rouleaux animés d'un mouvement de rotation; se trouve porté immédiatement à une double scie où les deux bouts sont tranchés instantanément.

Le finissage consiste simplement dans le perçage des trous d'éclissages.

En résumé, l'opération Bessemer aux Etats-Unis diffère un peu de celle qui est pratiquée en Europe.

Les moyens mécaniques viennent mieux au secours des ouvriers dont le nombre par cela se trouve diminué d'une façon assez forte pour amener une différence dans le prix de revient.

Le grand défaut des Américains dans leur méthode de fabrication Bessemer c'est de n'être pas assez scrupuleux dans le choix des matières premières employées.

A part cela, le procédé Bessemer, tel qu'il est agencé aux Etats-Unis, est bien plus pratique et plus économique qu'en Europe.

En dehors des usines à Bessemer, il existe aux Etats-Unis un grand nombre d'aciéries au creuset avec fours Siemens.

Quelques usines se servent comme matière première du fer de Suède.

La production de l'acier au creuset et au four Siemens-Martin se développe avec une assez grande rapidité ; ainsi, en cinq ans, elle a presque doublé ; en 1870 elle était de 35,000 tonnes en 1875, elle atteignait 61,058.

En 1876, la production d'acier au creuset

s'est élevée à 35,726 tonnes et celle de l'acier Martin à 28,845 tonnes.

Ces deux chiffres se répartissaient ainsi entre les divers Etats :

ACIER AU CREUSET

Massachuzetts . . .	996 tonnes.
New-York	2.087
New-Jersey . . .	6.174
Pensylvanie . . .	25.593
Maryland	235
Ohio	636

ACIER MARTIN

Massachusetts . .	5.520 tonnes.
New-York	126
New-Jersey . . .	591
Pensylvanie . . .	13.743
Tenneessee . . .	194
Ohio	8.671

L'industrie des fours Martin est encore peu répandue aux Etats-Unis, mais elle ne peut manquer de se développer un jour ou l'autre et formidablement naturellement, car en ce pays tout est colossal ou nul ; pas de milieu.

L'industrie métallurgique n'était pour ainsi dire pas représentée à l'Exposition de 1878.

Deux exposants avaient seuls répondus à l'appel de leur gouvernement.

Gastice de Philadelphie exposait des échantillons de fer et d'acier.

Barnum Richardson et C° exposaient des

échantillons de minerais divers et des échantillons de fer dit : « *fer Salisbury* ».

Ce fer a une certaine renommée aux Etats-
Unis, nous allons donc donner quelques explications.

Le nom de Salisbury qui a été donné à ce
fer vient tout simplement de sa provenance.

Salisbury est une localité située au nord-
ouest du comté de *Litchfield* dans le Connecticut.

Des mines portant le nom de la localité se
trouvent aux environs.

Ces mines sont exploitées depuis longtemps
déjà. En 1734, une usine fut fondée par un
nommé Thomas Lamb, le fer était produit
directement du minerai à la méthode catalane.
Ce fut en 1748 qu'on établit le premier haut-
fourneau.

En 1781 une nouvelle forge, vers 1806 un
nouveau haut-fourneau avaient été construits, en 1820 on installa une fonderie, en 1840
on commença la fabrication de matériel de
chemin de fer ; à partir de cette époque, les
affaires s'accrurent et en 1864 quand toutes ces
usines devinrent la ropriété de la Compagnie
Barnum, Richardson elle étaient en pleine
prospérité.

Depuis cette année (1864) l'extension donnée
à ces établissements devint de plus en plus importante. Actuellement il existe huit hauts-
fourneaux.

Le minerai employé est une hématite brune,
qui avant d'être traitée est écrasée dans un

concasseur *Blake*, ensuite elle est lavée dans un appareil appelé : « *Laveur Bradford.* »

Le minerai est fondu exclusivement au charbon de bois.

Le vent est chauffé a environ 400 degrés.

La fonte produite, dit « fer Salesbury » se trempe parfaitement et est renommée pour la fabrication des roues de wagons coulées en coquille.

Comme on le voit l'Exposition sidérurgique de la section américaine ne pouvait guère donner une idée de ce qu'est l'industrie du fer aux Etats-Unis; c'est pour cette raison que nous avons cru intéressant de fournir quelques détails plus précis.

CANADA

Le Canada est fort riche en minerais de fer de toute espèce, néanmoins l'industrie sidérurgique est de peu d'importance en ce pays.

Pendant l'année 1871 la production de minerai de fer s'est élevée à peine à 129,363 tonnes dont une très-petite quantité a été transformée dans le pays.

Les minerais que l'on trouve en assez grande quantité sont :

Les fers aimantés ;
Les fers titanés ;
Les hématites.

Ces divers minerais donnent de 50 à 70 pour cent de fer.

En 1874 il n'y avait que 17 hauts-fourneaux de construits et sur ce nombre il y en a une certaine quantité qui ne sont plus exploités actuellement.

Et cependant le Canada renferme des richesses en combustibles minéral et végétal, mais les capitaux et les moyens de transport font défaut.

Les établissements du Canada qui avaient exposé sont :

1° *Company of Canada ;*
2° *Mac Dougall à Thee Revers ;*
3° *Mac Dougall et C*, à Montréal;*
4° *Paye à Nichaux ;*
5° *Smith aux forges Radnor;*

La *Company of Canada* exposait des échantillons de fer en gueuse et de fer aciéré.

Cet établissement est le plus important de la Confédération Canadienne.

Le siége de cette société est à *Londonderry* dans la Nouvelle-Ecosse.

Trois hauts-fourneaux, deux fonderies, un laminoir et une aciérie constituent l'établissement.

Les expositions des autres maisons consistaient en échantillons de fer et de fonte.

Ces échantillons ne présentent rien de particulier ni de remarquable.

MEXIQUE

Le Mexique ne paraît pas renfermer d'importantes couches de houille mais par contre ou trouve du minerai de fer de bonne qualité dans presque tous les états : Ce minerai de fer très beau donne environ 60 pour cent de métal, c'est dans la vallée de Durango que se trouve le principal gissement.

Actuellement le Mexique renferme sept établissements sidérurgiques dans lesquels on trouve le fer magnétique et la limonite.

La production annuelle du fer au Mexique s'élève environ à 8,000 tonnes.

A l'établissement de Ferreira de la Encarnacion, le minerai est traité dans deux hauts fourneaux au charbon de bois, la fonte obtenue est ensuite traitée dans des feux catalans.

Lorsque les communications et les moyens de transports seront augmentés il y a tout lieu d'espérer que l'industrie sidérurgique prendra un certain développement dans ce pays.

AMÉRIQUE CENTRALE

Le minerai de fer et la houille se trouvent en assez grande quantité dans les états de l'Amérique centrale mais rien ou presque rien n'a été fait dans le but de créer l'industrie sidérurgique.

BRÉSIL

L'industrie sidérugique du Brésil vient de naître, le minerai de fer se trouve en assez grande qnantité, quelques exploitations sont commencées mais elles n'ont pas encore donné des résultats bien importants.

Le minerai exploité est un fer magnétique donnant jusqu'à 72 pour cent de fer.

Les autres états de l'Amérique du sud, tels que : le *Chili*, la *Colombie*, le *Pérou*, le *Paraguay*... etc., renferment également des minerais de fer ; mais l'industrie sidérurgique est encore nulle en ces pays.

ASIE

La *Turquie d'Asie*, l'*Arabie*, la *Perse*, tout le plateau de l'Asie centrale possèdent d'immenses gisements de fer: mais ils ne sont pas exploités ; on peut dire de ces amas qu'ils sont les magasins de réserve de la sidérurgie future.

Dans l'Inde on rencontre également d'immenses gîtes de minerais de fer ; dans ces contrées quelques exploitations remontent à 400 ans avant Jésus-Christ.

L'industrie moderne a peine à se faire jour dans ces vastes territoires, si riches et si peuplés, mis sous la domination ou la protection de l'Angleterre, qui non seulement ne protége pas l'industrie du fer, mais encore s'oppose à son développement. L'Angleterre étant l'unique fournisseur de l'Inde en fait de produits métallurgiques il s'ensuit que son intérêt est de laisser les choses dans l'état où elles sont.

La *Chine* et le *Japon* renferment également des minerais de fer en grande quantité ; mais l'industrie en ces pays est encore pour ainsi dire dans les limbes ; et les exploitations sont fort peu nombreuses.

AFRIQUE

L'Afrique est le continent qui renferme le moins de houille; mais il possède en revanche du minerai de fer en grande quantité et d'excellente qualité.

ALGÉRIE

L'Algérie renferme de puissants gisements de minerais de fer.

1° Dans la province de Constantine on exploite la mine de Kharezaz, celle de Bou-Hamra et celle d'Aïn-Mokhra reliée au port de Bone par une voie ferrée de 32 kilomètres. Le minerai exploité a un rendement de 60 à 65 pour cent de fer. La production annuelle de ces mines s'élève à peu près de 350,000 à 400,000 tonnes de minerai.

La Compagnie qui exploite ces mines et qui porte le nom de : « *Compagnie de Mocta-el Haddid* » emploie environ 1,200 ouvriers.

2° Dans la province d'Alger, on rencontre de nombreux gisements d'hématite ; le principal est celui de Zaccar-Rharbi. On a extrait de cette mine en 1876 plus de 40,000 tonnes. Ensuite vient la mine de Gouraya, concédée à la Compagnie des forges de Commentry-Fourchambault.

3° Dans la province d'Oran, les exploitations sont en création ; les minerais que l'on trouve sont principalement des hématites renfermant 58 à 62 pour cent de fer.

On remarquait à l'Exposition, dans le charmant pavillon réservé à l'Algérie :

1° Un bloc de fer hématite exposé par *M. Bardy*, d'Alger ;

2° Des échantillons de minerais de fer provenant de la province de Constantine, exposés par M. Châtillon ;

3° Le plan en relief des mines de fer de Camerata, et des échantillons de minerais provenant de cette exploitation, exposés par la *Compagnie des mines de fer de Camerata* ;

4° Des échantillons de minerai de fer magnétique provenant de la mine de Collo, exposés par la *Compagnie des minerais de fer de Collo* ;

5° Des échantillons et deux blocs de minerais de fer pesant chacun 1,800 kilogrammes, un

18

plan en relief des mines de Béni-Saf, exposés par la *Compagnie des mines de Souma et de la Tufna* (Oran) ;

6° Des échantillons d'acier fabriqué avec du minerai algérien, exposés par *M. Dufour*, d'Alger ;

7° Des échantillons de minerais de fer de toutes sortes, etc...

Avec l'Algérie se termine notre rapide revue des produits métallurgiques qui se trouvaient au Champ-de-Mars, revue dans laquelle nous avons essayé d'indiquer l'état actuel de l'industrie sidérurgique et les développements dont elle est susceptible dans l'avenir.

Ce petit compte-rendu n'a aucune prétention, si ce n'est celle d'avoir traité une science aussi compliquée que l'est la sidérurgie, de telle façon et avec une brièveté telle, que tout lecteur, même peu au courant de ces questions puisse acquérir sans trop d'ennuis une connaissance suffisante pour s'intéresser aux progrès futurs de la métallurgie du fer.

FIN.

VOCABULAIRE EXPLICATIF

DE

Quelques Mots et Expressions techniques

EMPLOYÉS DANS LE PRÉSENT COMPTE-RENDU

———

Accumulateur. — L'accumulateur (son nom indique son emploi) est un appareil qui a pour but d'accumuler ou plutôt d'emmagasiner des forces pour les faire agir à un moment donné.

Celui dont il est question ici est un accumulateur hydraulique d'Armstrong ; il consiste en un piston plein, surmonté d'un poids plus ou moins considérable, le piston se meut dans un cylindre dans lequel il doit exercer une pression donnée sur une colonne d'eau qui est envoyée dans le cylindre par des pompes foulantes. L'eau étant pour ainsi dire incompressible, il s'ensuit qu'elle peut transmettre dans tous les sens et à une certaine distance la pression qui agit sur elle et développer ainsi à un moment donné un travail quelconque.

Acide. — En chimie, on distingue dans les corps composés : les acides, les bases et les sels. Ces derniers sont la combinaison des acides avec les bases. Un sel soumis à l'action d'un pile voltaïque se décompose, l'acide se rend au pôle électro-positif. On peut donc dire que l'acide est l'élément électro-négatif d'un sel.

Acide carbonique. — L'acide carbonique est un gaz provenant d'"une combinaison du carbone avec l'oxygène et cela dans certaines proportions.

Un équivalent de carbone et deux équivalents d'oxygène forment l'acide carbonique.

(En chimie, on appelle *équivalent chimique d'un corps* une quantité pondérable déterminée de ce corps.)

Le carbone en brûlant librement dans l'air, se change en acide carbonique. Dans les laboratoires, on obtient de l'aci e carbonique en traitant du marbre pilé par l'*Acide chlorhydrique*. (Le marbre n'est autre qu'un carbonate de chaux.)

Acide phosphorique. — L'acide phosphorique est une combinaison de phosphore avec l'oxygène dans de certaines proportions. Ce corps est formé d'un équivalent de phosphore et de cinq équivalents d'oxygène.

Le phosphore en brûlant dans l'air produit une fumée blanche épaisse qui se dépose sous la forme d'une poussière. Cette poussière n'est autre que l'acide phosphorique.

Acide sulfurique. — L'acide sulfurique est un liquide oléagineux qui provient de la combinaison du soufre avec l'oxygène. Un équivalent de soufre et cinq équivalents d'oxygène forment l'acide sulfurique.

On obtient de l'acide sulfurique en chauffant du soufre avec de l'acide azotique.

L'acide sulfurique est un des acides les plus énergiques, son action peut s'exercer sur presque tous les corps.

Alumine. — L'alumine est une combinaison de l'*aluminium* avec l'*oxygène*; le corps se compose de deux équivalents d'aluminium avec trois équivalents d'oxygène. L'alumine se rencontre cristalisé dans la nature et est employé souvent comme pierre précieuse; la forme cristalline de ce minéral appartient au système rhomboédrique. L'alumine naturel colerée en bleu est un *saphir*; l'alumine colorée en rouge est un *rubis*; l'alumine naturelle incolore s'appelle *Corindon hyalin*. L'alumine est après le diamant la pierre la plus dure, aussi le *corindon* opaque est-il utilisé pour polir les métaux, il porte alors le nom d'*émeri*.

L'alumine joue un rôle trés-important dans le fondage des hauts fourneaux, elle neutralise la propriété de la silice qui rend le fer cassant à froid, elle donne au fer une qualité nerveuse ductile, mais il ne faut pas qu'elle soit en excès, car, alors elle tend à le rendre cassant à chaud.

L'alumine mélangée à l'acier dans de certaines proportions donne à ce dernier une grande dureté.

Aluminium. — L'alumininm est un métal, c'est le corps le plus répandu dans la nature à l'état de combinaison avec d'autres corps. Le nom d'aluminium que porte le métal lui vient de l'*alun* qui est un sulfate double d'alumine et de potasse.

Anthracite. — L'anthracite est un minéral
d'un gris foncé à l'éclat métallique, il est
difficile à allumer, décrépite au feu, et
produit dans sa production une chaleur
intense.

L'anthracite est de tous les combustibles
minéraux le plus riche en carbone et le
plus pauvre en matières volatiles, il
contient de l'eau hygrométrique, c'est
cette eau qui le fait décrépiter lorsqu'il
brûle. Certaines anthracites contiennent
jusqu'à 97 pour cent de carbone.

L'anthracite appartient aux étages
inférieurs des terrains carbonifères, elle
se trouve même dans des terrains *méta-
morphiques* voisins des couches en
ignition ; là, soumise à une température
très-élevée, elle a perdu son bitume et
est devenue une espèce de coke naturel.

L'anthracite est évidemment le meilleur
combustible au point de vue de la quantité
de chaleur produite. Un des grands inconvénients de l'anthracite, c'est son allure
dans un haut-fourneau : de petites portions de ce combustible descendent sans
être brûlées dans le creuset, s'opposent
alors au contact des matières et rendent
les laitiers pâteux. Cette production de
petites portions de combustible est due à
la décrépitation dans le haut-fourneau.

Le remède à apporter à cet inconvénient est donc de supprimer la décrépitation, ce à quoi on arrive en calcinant
préalablement l'anthracite dans des fours
spéciaux.

Les anthracites contiennent du soufre
en assez forte proportion, autre inconvénient pour l'emploi de ce combustible
dans le traitement des minerais, néanmoins en employant des fondants manganésifères, on pare en partie à cet
inconvénient.

L'antracite étant plus compacte présentant à poids égale une surface bien
moins grande que le coke, il faut donner

une pression de vent trois fois plus forte dans le haut fourneau lorsque l'on emploie ce combustible.

Il faut donc avoir des machines soufflantes très puissantes pour alimenter les hauts-fourneaux marchant à l'anthracite.

Argile réfractaire. — L'argile est un silicate d'alumine composé de 1 équivalent d'alumine, des trois équivalents d'acide silicique et de deux équivalents d'eau.

Les argiles qui ne contiennent aucun corps étranger restent blanches à la température la plus élevée de nos fourneaux et ne fondent pas, elles sont dites alors : « *Argiles réfractaires.* »

Armstrong. — Ingénieur constructeur anglais, inventeur d'appareils hydrauliques d'un système qui porte son nom et qui a pour base l'emploi de l'eau sous pression.

Atmosphère. — On sait que la pression atmosphérique fait équilibre à une colonne de mercure une fois, deux fois, trois fois... etc., plus élevée, on dit cette pression est égale à 1, 2, 3 (etc) atmosphères.

Azote. — L'azote est un gaz qui entre dans la composition de l'air. Sur cent parties l'air renferme d'après les expériences de M. Regnault, 68 parties d'azote et 32 parties d'oxygène.

Lorsque l'on brûle un corps, ce corps absorbe l'oxygène de l'air, il reste un gaz; c'est l'azote.

Bocardage. — Le bocardage est une opération mécanique qui consiste à casser les minerais à l'aide de machines appelées bocards.

Ces bocards consistent essentiellement

en une série de pilons à mantonnets que des cames placées sur un arbre tournant font mouvoir verticalement et dont le poids en retombant réduit en fragments les morceaux de minerai.

Bure. — Espèce de cheminée qui surmonte les hauts-fourneaux.

Carbonate de chaux. — Le carbonate de chaux est répandu à profusion sur la surface de la terre. On le trouve quelquefois en cristaux de la forme *rhomboédrique* ; ces cristaux présentent le phénomène de dimorphisme; les plus purs cristaux, ceux qui sont recherchés pour les expériences d'optique, se trouvent en Islande, ils prennent le nom de *Spath d'Islande*. Les stalactites et stalagmites que l'on trouve dans les grottes, sont des variétés de carbonate de chaux, le marbre statuaire est un carbonate de chaux très pur.

Le carbonate de chaux est formé de l'équivalent d'acide carbonique et de 1 équivalent de protoxyde de calcium (chaux).

Le carbonate de chaux est le calcaire le plus employé comme fondant dans les hauts-fourneaux.

Carbone. — Le carbone qui n'est autre chose que du charbon dégagé de toute substance étrangère se présente dans la nature sous les aspects les plus variés. On le trouve à l'état de pureté absolue dans le diamant.

Le diamant se rencontre dans des terrains d'alluvion provenant de la destruction d'anciennes roches. Le diamant est presque toujours incolore, cependant on le rencontre légèrement teinté de diverses nuances, c'est le plus dur de tous les corps:

Le carbone se rencontre encore sous

la forme de *plombagme*, de houille, d'anthracite... etc.

Le carbone dans la métallurgie du fer donne la chaleur nécessaire aux opérations, enlève l'oxygène au minerai et sature le métal, dont il charge par conséquent la nature.

Chaux. — La chaux pure est un protoxyde de calcium, lequel est formé de l'équivalent d'oxygène et de l'équivalent de calcium ; la chaux est blanche, caustique, attaque rapidement les tissus organiques, c'est une base énergique.

La teinture de tournesol qui a été rougie par un acide est ramenée au bleu par elle.

La chaux n'est pas fusible à la température de nos fourneaux.

La chaux se combine avec l'eau en dégageant beaucoup de chaleur, la température peut s'élever jusqu'à 300°, pendant cette combinaison elle fait entendre un certain bruit ressemblant à celui produit par un fer rouge plongé dans l'eau.

L'opération de la combinaison de la chaux avec l'eau s'appelle : éteindre la chaux.

La chaux *anhydre* s'appelle chaux vive, la *chaux hydratée* s'appelle *chaux éteinte.*

La chaux est indispdispensable à la parfaite fusion de la fonte; si on n'employait pas la chaux, l'alumine et la silice formeraient bien un laitier à l'alde du protoxyde de fer, mais ce laitier serait peu coulant et renfermerait 35 à 30 pour cent de métal pur.

La fonte obtenue serait sulfureuse et cassante ei le fer qui proviendrait de cette fonte serait de la plus mauvaise qualité, cassant à chaud et à froid.

La chaux mise en excès dans un haut-fourneau a l'avantage également d'éliminer le soufre contenu dans le minerai et dans le combustible.

Le calcaire employé dans les hauts-fourneaux est presque toujours un carbonate de chaux.

Cheval-vapeur. — Pour pouvoir énoncer la puissance dynamique d'une force, on a adopté une unité de travail dépendant du temps. Cette unité, appelée : « *cheval-vapeur* ou *cheval-dynamique* » équivaut à 75 kilogramètres produits dans une seconde ; c'est-à-dire qu'une machine est dite de la force de 1 cheval lorsqu'elle peut élever à un mètre de hauteur 75 kilogrammes en une seconde. — La force de cette machine sera de 2 chevaux, 3 chevaux, etc., si dans le même temps (une seconde) elle peut élever à un mètre de hauteur 2 fois, 5 fois, ... etc., ... 75 kilogrammes.

Du nom que l'on a donné à cette unité de travail il ne faut pas conclure qu'une machine dite de 3 chevaux, par exemple, produit le même travail que 3 chevaux vivants ; non, le travail produit par cette machine équivaudrait à peu près à 10 chevaux. En effet : un cheval de bonne force attelé à un véhicule quelconque et allant au pas produit un effort de traction égal à 70 kilogrammes et ne fait avancer le véhicule que de 90 centimètres, ce qui ne fait qu'une puissance égale au 84 centièmes d'un cheval-vapeur ; de plus, comme un cheval vivant ne peut travailler que 8 heures sur 24, il s'ensuit que le travail produit par une machine de 1 cheval est égal à celui produit par plus de 3 chevaux vivants.

Chio. — Ouverture placée au fond du creuset d'un haut-fourneau à la hauteur de la sole et destinée à l'écoulement de la fonte.

Chrôme. — Le Chrôme est un métal qui se trouve très-souvent en combinaison avec certains minerais de fer. Le chrôme allié à l'acier lui donne certaines qualités entr'autre une grande dureté. Ce métal a été découvert en 1797, par Vauquelin.

Cobalt. — Le cobalt est un métal qui a été obtenu pour la première fois en cet état, par Brandt, en 1733. Ce métal est d'un gris d'acier, il est susceptible d'un beau poli et est magnétique comme le fer.

Coke. — Le coke est le résidu obtenu par la carbonisation de la houille. Le coke est à la houille, ce que le charbon de bois est au bois.

Pour fabriquer le coke on se sert géné-ralement de même charbon. Il faut que le coke destiné au haut-fourneau soit aussi pur que possible, or, les menus de la houille renfermant des schistes et des terres, matières qui donnent au coke beaucoup de cendres ; pour parer cet inconvénient on fait subir à la houille avant sa carbonisation une opération qui consiste en un lavage, lavage qui se fait dans des appareils spéciaux.

La carbonisation de la houille se fait le plus généralement dans des fours dits : « fours à coke ».

Le coke contient environ 60 à 75 pour cent de carbone ; ses cendres se rappro-chent de celles de l'anthracite qui, du reste, paraît être un coke naturel.

Cyanhydrate d'ammoniaque. — Corps formé d'un équivalent d'acide cyanhy-drique et de trois équivalents d'ammo-niaque. Cette matière sert à faire les lits de cémentation dans la fabrication de l'acier cémenté.

Dame. — Plaque de fonte placée à la partie supérieure du creuset d'un haut-fourneau et qui sert de guide aux laitiers pendant leurs coulées.

Eclissage.—Opération qui consiste à percer aux extrémités d'un rail les trous nécessaires à la pose des éclisses.

Eclisse. — Plaque en fer servant à rendre solidaires les rails d'une voie ferrée.

Equivalents chimiques. — Un équivalent chimique est une quantité pondérable déterminée d'un corps.

Etalages. — On appelle étalages, la section snpérieure de la cuve d'un haut-fourneau.

Fer carbonaté spathique. — Le fer carbonaté spathique où carbonate de protoxyde de fer est un minerai de fer qui est mélangé souvent en proportion assez considérable de carbonate de manganèse.

Ce minerai se compose de l'équivalent d'acide carbonique et d'un équivalent de protoxyde de fer.

Il se rencontre en filons dans les terrains de transition; il donne des fontes lamelleuses, bonnes pour la fabrication de l'acier.

Ce minerai est pesant et fragile, sa cassure est anguleuse, sa poussière est grisâtre.

Le fer carbonaté se divise en deux classes : le *fer spathique* dont nous venons de parler et le *lithoïde*.

Ce dernier se trouve exclusivement dans les terrains houillers où il est formé en couche alternant avec celles de la houille.

Les fers carbonatés rendent à peu près 45 pour cent de fer.

Le *fer spathique* renferme de la *magnésie*.

Le *fer lithoïde* n'en renferme pas, mais contient de la *silice*.

Fer hydraté. — Ce minerai de fer abonde dans la nature; c'est un peroxyde de fer uni à l'eau; on le rencontre sous diverses formes; alors il prend le nom de *fer oxydé brun*, *d'hématite brune*, de *fer hydraté rouge*, de *sanguine*, de *fer oolithique* (voir ces mots). Il se compose chimiquement parlant de 2 équivalents de sesquioxyde de fer plus de 3 équivalents d'eau.

Fer hydraté rouge. — Ce minerai est une variété de *peroxyde de fer hydraté*, il est compacte à aspect terreux et friable; on le rencontre dans les terrains calcaires.

Fer lithoïde. — Voir : fer carbonaté spathique.

Fer oligiste. — Minerai de fer, variété de sesquioxyde, composé chimiquement de 2 équivalents de fer et de 3 équivalents d'oxygène.

Ce corps est très-répandu dans la nature; on le rencontre : soit à l'état anhydre, soit à l'état d'hydrate. Le *fer oligiste* est un sesquioxyde anhydre ; il est formé de cristaux rhomboédriques aplatis, très-brillants et presque noirs ; il se trouve en filon dans les terrains anciens.

Le fer oligiste est très-riche en fer et donne jusqu'à 65 pour cent de fer pur. Ce minerai est fort mal nommé car, comme nous l'avons déja dit, il est très-répandu dans la nature et *oligiste* vient d'un mot grec qui veut dire : « peu ».

Fer oolithique. — Ce minerai est une variété de *protoxyde de fer hydraté*; sa texture est grenue, d'une couleur jaune ;

il est formé d'une foule de petits grains
de forme elliptique, empâtés dans un
ciment siliceux, alumineux où calaire ;
ces grains ressemblent à des œufs de
poisson ; c'est à cause de cette ressem-
blance qu'on a donné à ce minerai le nom
de *oolithique* qui vient de deux mots
grecs qui signifient : œufs de pierre.

Fer oxydé brun. — Le fer oxydé brun est
un peroxide hydraté ; ce minerai est
compacte ; il a l'éclat métalloïde, sa
râclure est jaunâtre ; il n'est point
aimantaire, mais il le devient par la
calcination. Ce minerai se rencontre
aussi sous des formes spongieuse, cloi-
sonnée et papyracée.

Fer oxydulé. — Le *fer oxydulé*, appelé
également : *aimant naturel* à cause de
son action sur l'aiguille aimanté, se
présente généralement avec une couleur
grisâtre ; il se compose, chimiquement
parlant, d'un équivalent de *sesquioxyde
de fer* et d'un équivalent de *protoxyde
de fer.*

Ferro-Manganèse. — Alliage de manganèse et de fer dans de certaines proportions.

Gazogène. — Un gazogène est un appareil
qui sert à fabriquer un gaz quelconque.

Gneiss. — On appelle *gneiss* une roche de
granit dans laquelle sont disséminés des
lames de mica disposées parallèlement à
un même plan ; ce qui donne à cette roche
un aspect rabané.

Graphite. — Le graphite est du carbone pur
que l'on trouve quelques fois cristallisé
dans la fonte.
Cette cristallisation n'a aucune ressem-
blance avec le diamant ; ce sont des

lames noires très-brillantes et assez larges.

Hématite brune. — L'hématite brune est une variété de *peroxyde de fer hydraté;* c'est un minerai dur qui ne se laisse pas rayer par le fer et l'acier; lorsqu'on vient de le casser, sa cassure présente un reflet légèrement bleuâtre.

Hématite rouge. — L'hématite rouge est une variété de fer oligiste, son nom lui a été donné à cause de sa couleur. Hématite vient d'u mot grec qui signifie : *rouge.*

L'hématite rouge est un minerai de fer très-riche, elle contient jusqu'à 70 pour cent de fer.

Houille. — La houille est certes le combustible qui joue le plus grand rôle dans la métallurgie du fer ; ce combustible est répandu sur tout le globe et en certains endroits on le trouve à profusion.

La houille apparaît dans les terrains situés au-dessous des terrains de lignite.

La houille se compose essentiellement de carbone, de bitume et de terre. La quantité plus ou moins grande de bitume que renferme la houille en constitue la qualité.

La couleur de la houille est ordinairement noire, brillante. Cependant certaines houilles sont grisâtres, entr'autres celle de *Savero*, en Castille.

Le bitume donne à la houille un aspect terne ; il constitue, lorsqu'il s'y trouve en assec forte dose, les houilles dites : « *grasses* ».

En résumé il y a trois sortes de houille:

1° La houille grasse ;
2° La houille sèche ;
3° La houille maigre.

La houille grasse peut être divisée en trois variétés qui sont : la *houtlle grasse dure;* la *houille maréchale,* la *houille grasse à longue flamme.*

La houille grasse dure produit un coke boursouflé et compacte, ce qui le rend propre à la fabrication de la fonte.

La houille maréchale se coagule facilement; elle est très-propre aux travaux de la forge.

La houille à longue flamme est très-propre au puddlage, elle produit un coke moins boursouflé que les précédentes.

La *Houille dite maigre* donne un coke fritté; cette houille a une flamme assez longue propre à la chaudière.

Comme composition la houille sèche se rapproche de l'antracite, néanmoins il y a lieu de l'en distinguer car elle brûle sans pétiller ni décrépiter.

Laitier. — Les minerais de fer se composent essentiellement d'*oxydes de fer* et de *terres.* Ces terres sont : la *sicile,* l'*alumine* et la *chaux,* les oxydes se trouvent mélangés tantôt avec une, tantôt avec deux et quelquefois avec les trois terres.

Lorsque la silice domine dans un minerai il est dit : siliceux. Si le minerai renferme en abondance la silice et l'alumine il est dit : argileux. Lorsque la chaux domine; le minerai est dit calcaire.

Ces trois terres prises séparément sont influsibles dans nos fourneaux, de sorte qu'un minerai est généralement en partie réfractaire ou remédie à cet état de chose par l'addition de certaines terres qui font qu'en se mélangeant avec le minerai elles rendent fusibles les terres qui l'accompagnent. Ces terres forment une matière vitrifiée qui vient surnager sur la fonte et que l'on fait écouler à certains moments de l'opération. Cette matière vitrifiée est ce qu'on appelle *« un laitier ».*

Lignite. — Le lignite est un combustible fourni par l'altération de troncs et de branches d'arbres. Le lignite est plus ou moins compacte, d'une couleur brune, brûlant avec ou sans flamme et répandant une odeur balsamique et fétide.

Le lignite est à la houille ce que celle-ci est à l'authracite.

Le lignite appartient aux terrains tertiaires, il provient de bois qui végétaient encore après la période houillère. Ces bois sont morts et sont venus former des dépôts sur les couches de houille ; celle-ci étant formée de plantes herbacées riches en bitume, il s'ensuit que la chaleur centrale a fait remonter ce dernier qui est venu alors imprégner le lignite.

Les lignites modernes contiennent de l'acide acétique, les anciens sont saturés de bitume.

On trouve des couches de lignite formées de bois qui ont conservé toute leur structure ; des forêts entières montrant leurs arbres inclinés ont été submergés sous des influences inconnues, mais dûes probablement à des causes terribles, à des bouleversements effroyables sur l'écorce terrestre.

Dans ces débris d'un autre âge, on peut reconnaître les essences ; le bouleau, le chêne, l'if, le cocotier.

Chatou, près Paris, est bâti sur une de ces forêts.

Dans les terrains secondaires on rencontre une sorte de lignite qui a une grande compacité, son grani est si fin qu'il peut être taillé, scuplté et poli ; il prend alors le nom de *jayet*.

Une autre lignite qui grâce à ses apparences peut se confondre avec la houille, prend le nom de « *stipile* ».

Le lignite est un combustible qui dégage fort peu de chaleur et qui ne doit être employé que lorsque l'on désire un feux doux.

19

Magnésie. — La magnésie est un composé de magnésium et d'oxygène.

La magnésie est une terre extrêmement réfractaire qui a la propriété de rendre toute terre presque infusible.

Elle s'allie au fer et forme un métal très-tenace, ni trop aigre ni trop cassant.

Les minerais de Dannemora en Suède renferment de la magnésie et donnent des fontes de premier choix.

La magnésie dans les hauts-fourneaux donne aux laitiers une teinte verte plus ou moins prononcée.

Magnésium. — Le magnésium est un métal qui est assez ductile, il présente la couleur et l'éclat de l'argent ; chauffé au rouge dans l'air, il prend feu et dégage une vive lumière.

Manganèse. — Le manganèse est un métal qui a une certaine ductilité, il se laisse limer, mais il casse au moindre choc, par conséquent, ne se laisse pas forger. Sa cassure ressemble un peu à la cassure de la fonte

L'oxyde de manganèse est un réactif énergique dans les hauts-fourneaux ; il fournit l'oxygène nécessaire au silicium et aux métaux électro-positifs pour s'oxyder et devenir terreux.

Dans l'opération du puddlage, le manganèse forme des silicates qui s'emparent du carbone et transforment ainsi la fonte en fer.

En proportions différentes dans la fonte il forme : *la fonte miroitante* ou *spiegeleisen, la fonte spéculaire* et *le ferro-manganèse*. Ce dernier produit est tout nouvellement employé. Nous en avons, du reste, parlé suffisamment dans le cours du présent compte-rendu.

Mises. — Lorsqu'on a obtenu une loupe de

fer dans un four à puddler, on la porte sous le marteau-cingleur, ensuite au laminoir où on en forme des barres. Ces barres sont coupées en morceaux d'une longueur déterminée; ces morceaux sont réunis en paquets que l'on porte à la réchaufferie pour les corroyer. — Ces paquets s'appellent : « *des mises.* »

Nickel. — Le nickel a été reconnu en 1751 par Cronstedt et Bergmann ; c'est un métal blanc assez maléable, il se laisse laminer et étirer, il est susceptible d'un beau poli.

Ouvrage. — Partie inférieure de la cuve d'un haut-fourneau.

Oxyde de carbone. — Combinaison du carbone avec l'oxygène ; c'est un gaz incolore, inodore, qui brûle avec une flamme bleue; c'est un asphyxiant très énergique.

La composition chimique est de l'équivalent de carbone et un équivalent d'oxygène.

Oxyde de cuivre. — Combinaison du cuivre avec l'oxygène, deux équivalents de cuivre et un équivalent d'oxygène. L'oxyde de cuivre se trouve dans la nature à l'état de beaux cristaux rouges.

Oxygène. — L'oxygène est un gaz incolore, inodore, très-répandu dans la nature à l'état de combinaisons ; il forme le 1/5 de l'air que nous respirons. Il entretient la combustion. Il entre en combinaison avec presque tous les corps.

Chauffez une barre de fer à une forte température, jusqu'au rouge, par exemple, exposez-la ensuite à l'air, la surface changera immédiatement de couleur et la barre a augmenté de poids. Cette croûte qui enveloppe le métal, détachez-la, analysez et vous constaterez qu'elle est composée d'oxygène et de fer.

A la température ordinaire, le fer s'oxyde également à l'air ; mais cette oxydation est beaucoup plus lente et constitue ce qu'on appelle : *la rouille.*

A la chaleur blanche, l'oxygène n'a pas de prise sur le fer ; aussi est-ce le moment choisi par les forgerons pour souder deux pièces de fer.

A une très-basse température au-dessous de 0, l'oxygène a également une répulsion pour le fer. On a constaté dans des voyages vers les pôles que des barres placées sur le pont d'un navire restèrent inoxydés tant qu'elles furent dans les régions polaires.

L'oxygène se combine avec le fer à plusieurs degrés.

Le premier degré constitue la combinaison d'un équivalent de fer avec un équivalent d'oxygène et forme alors un corps qni prend le nom de *protoxyde de fer.*

Le second degré constitue la combinaison de deux équivalents de fer à trois équivalents d'oxygène et forme un corps qui prend le nom de *sesquioxyde de fer.*

Vient ensuite :

Le *proto-peroxyde,* fermé d'un équivalent de *sesquioxyde* et d'un équivalent de *protoxyde.*

L'oxyde des *battittures,* formé de un équivalent de *sesquioxyde* et de six équivalents de *protoxyde.*

Patouillet hydraulique. — Appareil pour laver les minerais.

Phosphore. — Le phosphore a été dééouvert en 1669 par Brandt, alchimiste de Hambourg ; il l'obtint par la calcination des résidus résultant de l'évaporation de l'urine. Ce ne fut qu'un siècle après, en 1769, que Gah et Schéele découvrirent que le phosphore se trouvait en abandance dans les os des animaux.

Le phosphore pur est incolore et translucide, la lumière du soleil le fait devenir rouge. Le phosphore fond à 44 degrés et bout à 290°. Sa vapeur est incolore.

Le phosphore a une grande affinité pour l'oxygène, aussi s'enflamme-t-il très facilement au simple frottement d'un corps sur lui.

A la température ordinaire même, le phosphore subit au contact de l'air une combustion lente ; c'est pour cette raison que dans l'obscurité le phosphore donne une lueur. A cause de cette grande facilité de s'enffammer, il est d'un emploi dangereux.

Le phosphore s'unit au fer et lui donne une grande fragilité ; il s'oppose à la formation de la fonte grise et la rend impropre à l'affinage.

Le fer contenant du phosphore est très-cassant à chaud.

Le phosphore avait toujours été banni de la métallurgie ; nous avons vu qu'à l'usine de Terre-Noire on avait fait des essa's sur l'emploi du phosphore dans les aciers ; essais qui ont donné comme résultat que l'on pouvait augmenter la teneur d'un acier en phosphore en ayant soin de diminuer sa teneur en carbone dans les mêmes proportions.

Les aciers ainsi obtenus avaient des qualités nécessaires à des fabrications spéciales.

Platine. — Le platine est un métal qui n'a été importé en Europe que vers le milieu du dernier siècle ; il venait alors d'Amérique ; depuis on a découvert en Europe (dans les Ourals), des mines de ce métal.

Le platine n'est fusible qu'à l'aide d'un chalumeau à gaz oxygène hydrogène ou à l'aide d'une forte pile, c'est ce qui rend son usage si couteux.

Porphyre. — Le porphyre est une sorte de granit composé d'une pâte feldspathique dans laquelle on trouve des cristaux de Feldspath. Le porphyre est très-dur à tailler et est, pour cette raison, de peu d'usage.

Protoxyde de Manganèse. — Le protoxyde de manganèse est une combinaison du manganèse et de l'oxygène, dans les proportions de un équivalent de manganèse et de un équivalent d'oxygène.

Pyromètre de Wedgwood. — L'argile a la propriété, lorsqu'elle est exposée à de fortes températures, de sublir un retrait proportionnel à l'élévation de cette température.

Le Pyromètre de Wedgwoog est fondé sur ce principe. Il consiste en deux barres de métal formant une espèce de chemin allant toujours en diminuant, un petit cône d'argile est placé pendant un certain temps dans le foyer dont on veut connaître la température, on fait alors glisser le petit cône d'argile entre les deux barres dont l'une est graduée et le point de l'échelle où il s'arrête indique la température cherchée.

Le 0 du pyromètre correspond à 580° 56 degrés centigrades.

La précision de cet appareil laisse naturellement beaucoup à désirer et les indications du pyromètre ne doivent être regardées que comme valeurs rapprochées.

Quartz. — Le quartz est une roche qui n'est autre que de l'acide silicique cristallisé. L'acide silicique se compose chimiquement de un équivalent de silicium et de 3 équivalents d'oxygène.

Il est très-répandu dans la nature ; isolé il forme le cristal de roche, le quartz, les grès... etc... En combinaison il forme toutes espèces de roches, les granits, les schistes... etc. Toutes les roches qui ne sont pas calcaires sont silicieuses.

Schiste. — Roche silicieuse se trouvant généralement dans les terrains carbonifères.

Scorie. — Quand une loupe est cinglée sous un pilon, une partie de la matière qui n'est pas du fer pur se détache de la loupe et forme une scorie, cette scorie prend le nom de *battitures*. Les laitiers qui coulent des fours à puddler ou autres ce sont des scories qui prennent le nom de *sornes*.

Sidérurgie. — Métallurgie du fer.

Silice. — Voir quartz.

Silicium. — Le silicium est une poudre brune qui fond en un globule vitreux. Il est très répandu dans la nature en combinaison avec l'oxygène.

Sanguine. — La sauguine est une variété de de sesquioxyde de fer hydraté. C'est un minerai argileux d'une couleur rouge de brique très-foncée. Sa texture est grenue et terreuse, sa cassure est grenue et angulaire ; délayée dans l'eau contenant du savon et de la gomme arabique, la sanguine sert à faire des crayons rouges.

Sole. — Le fond du creuset d'un haut-fourneau s'appelle la sole.

Soufre. — Le soufre est un corps très-abondamment répandu dans la nature ; on le trouve tantôt isolé, tantôt en combinaison avec un grand nombre de corps.

Le soufre se rencontre assez souvent en cristaux réguliers ; mais le plus communément il est intimement mélangé à des matières terreuses.

Le soufre s'unit au fer dans diverses proportions et lui donne une fragilité plus ou moins grande. 0,00007 de soufre contenu dans le fer est une quantité suffisante pour altérer les qualites du meilleur métal. En quantité suffisante, il rend le fer liquide. Cette propriété du soufre de liquéfier le fer est instantanée; elle est utilisée pour percer des barres plates et y former des trous de toutes formes; pour arriver à ce but, on n'a qu'à tailler un morceau de soufre et lui donner la forme que l'on veut donner au trou et qu'à chauffer la barre au blanc soudant. Ensuite on applique bien perpendiculairement à l'endroit où on veut percer le trou, le morceau de soufre, et en quelques secondes le trou est fait ayant justement la forme du bâton de soufre.

La vapeur du soufre suffit pour corroder les chaudières de tôle.

Le fer a une grande affinité pour le soufre.

L'origine du soufre dans la fonte provient d'abord des minerais qui, malgré le grillage qu'ils ont généralement subi, en conservent toujours un peu; tous les combustibles minéraux, ensuite, en renferment plus ou moins, sous la forme de protosulfure de fer.

Pour les minerais, il existe deux moyens pour enlever en partie le soufre qu'ils contiennent:

1º On les expose longtemps aux intempéries de l'air; il se forme un sulfate de fer que l'eau dissout facilement.

2º On les calcine ensuite afin de volatiliser le plus possible de soufre.

Quant aux combustibles minéraux, il faut éviter d'employer des houilles sulfureuses.

En résumé, il faut faire tout son possible pour ne pas laisser pénétrer le soufre dans le fer, car, une fois introduit, il est difficile de l'en faire sortir.

Spiégel-Ecseir. — Fonte contenant du manganèse dans des proportions déterminées.

Squeezer. — C'est une machine de pression à force passive. C'est une sorte de presse avec laquelle on comprime les loupes et on les fait suinter.

Sulfate de fer. — Le sulfate de fer est un corps qui se compose, chimiquement parlant, de 3 équivalents d'acide sulfurique et de 1 équivalent de sesquioxyde de fer.

Terrain dévonien. — Ce terrain renferme des couches de vieux grès rouge renfermant des couches d'anthracite.

Terrain silurien. — Ce terrain renferme les calcaires, les schistes et les grès à gros grains.

Tréfilerie. — On donne le nom de tréfilerie aux établissements dans lesquels on étire le fer à travers une filière pour l'amener à une section d'un diamètre très-petit.

Le meilleur fer pour la tréfilerie est le fer affiné au charbon de bois.

On appelle filières des bandes de fer plat dans lesquelles sont percés des trous coniques disposés en échiquier et échelonnés par diamètres de manière que le dernier soit égal au fil que l'on veut obtenir.

Comme les trous doivent présenter une grande dureté pour ne pas s'user trop vite, la partie la plus étroite de la filière est donc garnie d'acier.

Tungstène. — Métal isolé, par les frères d'Elhujart.

Turbine. — Une turbine est une roue hydrau-lique à axe vertical utilisée comme moteur ; ces moteurs peuvent atteindre de grandes puissances.

Tuyère. — La tuyère est la pièce par laquelle se fait l'insufflation du vent dans les hauts-fourneaux et dans tout four de réduction ou d'affinage.

Ventilateur. — Un ventilateur est une ma-chine soufflante de faible puissance dont on se sert principalement pour fournir le vent aux feux de maréchalerie.

Le ventilateur se compose d'un tam-bour en métal dans lequel on fait tourner rapidement des ailettes fixées sur un axe. Ces ailettes chassent le vent devant elles et le forcent à sortir par un orifice dis-posé sur la circonférence.

Ventre. — On appelle ventre la partie la plus évasée de la cuve d'un haut-fourneau.

FIN DU VOCABULAIRE.

TABLE DES MATIÈRES

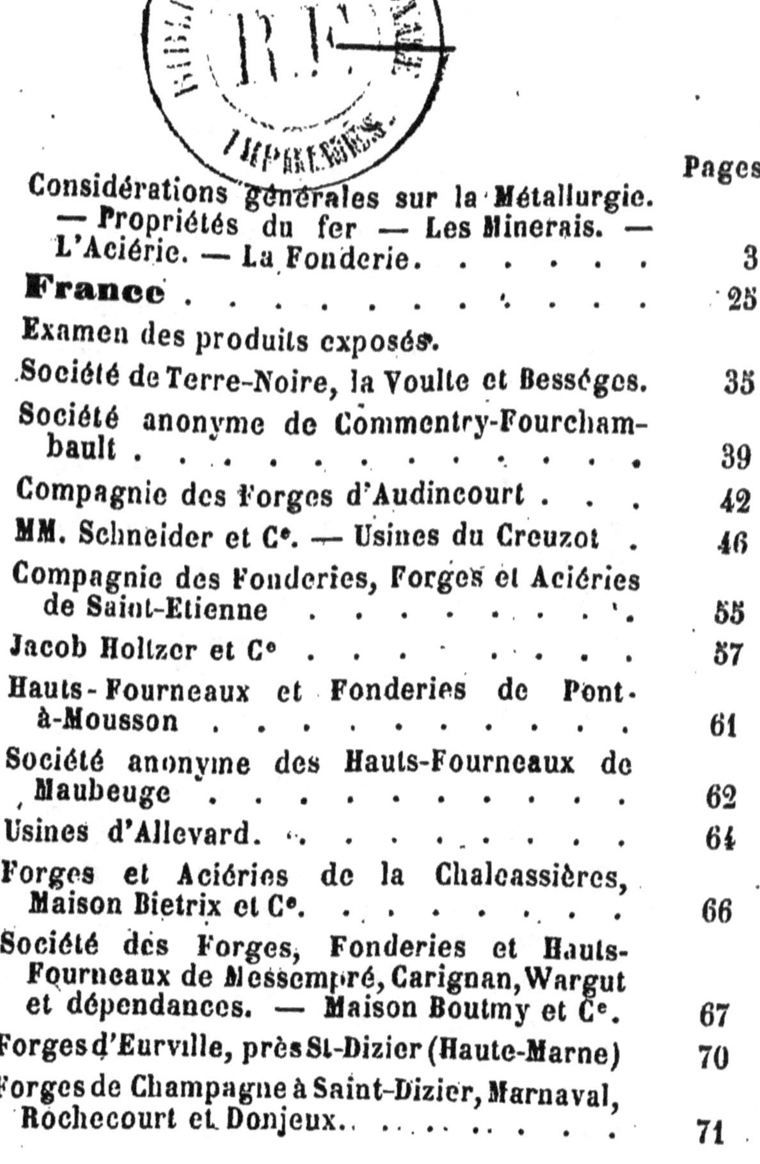

FIN DE LA TABLE DES MATIÈRES

LILLE
IMPRIMERIE L. CHIEUX, GRANDE-PLACE, 58.

www.ingramcontent.com/pod-product-compliance
Lightning Source LLC
LaVergne TN
LVHW021630060726
842527LV00003B/607